Denys Benjamin Alt

Die Corona-Krise und ihre Folgen für die Heilberufe

verlag mainz

Der Autor

Rechtsanwalt D. BENJAMIN ALT ist Gründer der bundesweit tätigen Rechtsanwaltskanzlei *Alt und Partner*, die sich auf den Gesundheitsmarkt spezialisiert hat. Er vertritt insbesondere Physiotherapeuten, Masseure, Podologen, Ergotherapeuten, Logopäden, Heilpraktiker und Ärzte. Er ist Justiziar sowie Leiter der Rechtsabteilung mehrerer großer Berufsverbände und unterrichtet im gesamten Bundesgebiet Therapeuten sowie an einer Universität. Durch die Spezialisierung und den engen Kontakt zur Politik ist das komplette Kanzleiteam immer auf dem aktuellen rechtlichen Stand und bietet zudem eine hochqualifizierte Beratung für die entsprechende Zielgruppe.

Denys Benjamin Alt

Die Corona-Krise und ihre Folgen für die Heilberufe

Praktische und rechtliche Fragen verständlich erklärt

verlag mainz
2020

Impressum

1. Auflage 2020

Printed in Germany

Gestaltung, Druck und Vertrieb:
Druck & Verlagshaus Mainz GmbH
Süsterfeldstraße 83
D - 52072 Aachen

www.verlag-mainz.de
www.druckereimainz.de

Umschlagsgestaltung: Dietrich Betcher

ISBN-10: 3-86317-045-8
ISBN-13: 978-3-86317-045-5

Inhalt

Vorwort

*Liebe Leserinnen und Leser**,

angesichts der sich weltweit mit rasantem Tempo ausbreitenden COVID-19-Pandemie sah sich Bundeskanzlerin Angela Merkel am 18. März zu einer Fernsehansprache veranlasst, um das aktuelle Geschehen vor den Bürgerinnen und Bürgern der Bundesrepublik Deutschland einzuordnen. Sie findet unmissverständliche und klare Worte: »Seit der Deutschen Einheit, nein, seit dem Zweiten Weltkrieg gab es keine Herausforderung an unser Land mehr, bei der es so sehr auf unser gemeinsames solidarisches Handeln ankommt«. Unsere Vorstellungen von Normalität, von öffentlichem Leben und von sozialem Miteinander, so die Bundeskanzlerin, würden im Zuge der Pandemie auf die Probe gestellt wie noch nie zuvor. Und sie betont insbesondere einen Satz, der jedem von uns die eigene Verantwortung vor Augen führt: »Es ist ernst. Nehmen Sie es auch ernst.«

Seit dem 22. März gelten nun wie in vielen anderen Ländern der Welt weitreichende Maßnahmen und Einschränkungen des öffentlichen Lebens, um die weitere Verbreitung des SARS-CoV-2-Virus einzudämmen und zu verlangsamen. Dies soll bewirken, dass sich schwe-

* Aus Gründen der besseren Lesbarkeit wird im Folgenden auf die gleichzeitige Verwendung weiblicher und männlicher Sprachformen verzichtet und das generische Maskulinum verwendet. Sämtliche Personenbezeichnungen gelten gleichermaßen für beide Geschlechter.

re Krankheitsverläufe nicht in einem zu kurzen Zeitraum häufen, da ansonsten unser Gesundheitssystem überlastet wird und eine flächendeckende ärztliche und vor allem intensivmedizinische Betreuung wohl nicht gewährleistet werden kann. Wir haben alle die schrecklichen Bilder vor Augen, die uns aus verschiedenen italienischen Städten erreichen, zuletzt auch aus Spanien und den Vereinigten Staaten – Sorgen wir gemeinsam dafür, dass es in Deutschland so weit nicht kommt!

In ihrer Fernsehansprache bedankte sich Bundeskanzlerin Merkel ganz explizit bei Ärztinnen und Ärzten, Pflegerinnen und Pflegern sowie allen, die in Deutschland im Gesundheitswesen arbeiten. In diesen Kreis gehören selbstverständlich auch die sogenannten Heilmittelerbringer, also diejenigen, die einen Heilberuf ausüben. Dies sind im Einzelnen Physiotherapeuten, Masseure, Podologen, Ergotherapeuten und Logopäden. Heilpraktiker sollten auch nicht vergessen werden. Da ich seit vielen Jahren Justiziar des *Verbands Physikalischer Therapie* (VPT) sowie eines Berufsverbandes für Pologen bin, und als Rechtsanwalt mit meiner Kanzlei *Alt und Partner* insbesondere Therapeuten, Heilpraktiker und auch Ärzte im gesamten Bundesgebiet betreue, war ich nicht verwundert, dass mich und mein Kanzleiteam schon seit Beginn der Corona-Krise viele rechtliche Fragen rund um dieses Thema erreichten. Die Anfragen häuften sich insbesondere nach Verlautbarung und anschließendem Inkrafttreten der ersten Maßnahmen zur Einschränkung des öffentlichen Lebens.

Gerade für die selbstständig geführten Praxen von Physiotherapeuten, Masseuren, Podologen, Ergotherapeuten, Logopäden oder Heilpraktikern stellen sich in diesen Zeiten wichtige Fragen: Darf meine Praxis geöffnet bleiben? Was bedeuten die derzeitigen Einschränkungen für den Umgang mit Patienten? Gibt es vielleicht sogar zwangsweise Schließungen durch die Gesundheitsämter, denn immerhin kommt man als Therapeut regelmäßig in engen Kontakt zu seinen Patienten, die darüber hinaus nicht selten einer der Risikogruppen angehören?

Um diese und einige andere sehr grundlegende und aktuelle Fragen rund um das Thema »Heilberufe in der Corona-Krise« aus rechtlicher Perspektive zu beleuchten und wenn möglich zu beantworten, veröffentlichte ich seit Ende Februar 2020 in regelmäßigen Abständen erklärende Videos auf dem YouTube-Channel unserer Kanzlei zu genau diesem Thema. Da die Resonanz angesichts der oft unsicheren rechtlichen Lage und in Anbetracht der derzeitigen beispiellosen Lage so groß ist, habe ich mich dazu entschlossen, die wichtigsten Fragen und auch die gesetzlichen Grundlagen noch einmal in kompakter und hoffentlich leicht verständlicher Form in Buchform zu veröffentlichen. Dies soll auch dazu dienen, der enormen Bandbreite an »Fake-News« entgegenzuwirken, die es gefühlt zu keinem anderen Thema in dieser Häufigkeit gab.

Ich hoffe sehr, dass ich Ihnen in diesen bewegten Zeiten zumindest aus juristischer Perspektive ein paar sichere Antworten und Einordnungen auf Ihre Fragen geben kann.

Bleiben Sie gesund oder werden Sie es möglichst schnell wieder!

Ihr
Rechtsanwalt *D. Benjamin Alt*
Aachen, der 5. April 2020

Fünf drängende Fragen vorab

In Medien und Fachkreisen, aber auch von offizieller Seite kursieren derzeit teils irreführende Aussagen zur Situation von Heilpraktiker-Praxen und anderen Einrichtungen der Heilmittelerbringer. So wurden in verschiedenen Bundesländern Regelungen angekündigt, dann aber in offiziellen (schriftlichen) Erlassen nicht bestätigt. Bestes Beispiel ist Bayern, wo der Ministerpräsident Markus Söder in einer Pressekonferenz sagte, dass etwa Ergotherapie- und Logopädie-Praxen geschlossen werden müssten, diese zwangsweisen Schließungen im wenig später veröffentlichten schriftlichen Erlass aber nicht aufgegriffen wurden – ein beispielloser Vorgang mit erheblichen finanziellen Folgen für die betroffenen Praxen.

Die Situation ist derzeit also einigermaßen undurchsichtig, weshalb ich an erster Stelle sehr grundsätzliche und in den vergangenen Tagen und Wochen besonders häufig an mich und meine Kanzlei herangetragenen Fragen beantworten und näher beleuchten will.

Muss ich meine Praxis schließen?

Aus den Erlässen und Bestimmungen geht klar hervor, dass die medizinische Versorgung der Bevölkerung erhalten bleiben soll, ja muss. Bundeskanzlerin Angela Merkel etwa betonte hierzu in einer Rede eindeutig, dass folgerichtig alle Einrichtungen des Gesundheitswesens geöffnet bleiben sollen. Daraus ergibt sich, dass eine flächendeckende Schließung von Praxen und insbesondere auch von Praxen der Heilmittelerbringer nicht geplant ist.

Dementsprechend können wir davon ausgehen, dass Arztpraxen, Heilpraktiker-Praxen, Massage-Praxen, Physiotherapie-Praxen, Podologie-Praxen, Ergotherapie-Praxen und Logopädie-Praxen weiterhin geöffnet bleiben können, ja sollen, es sei denn, dass die Öffnung und der Betrieb im Einzelfall untersagt wurde. Hierzu muss aber eine offizielle Verfügung von Seiten des zuständigen Gesundheitsamts vorliegen oder es müssten auf Landes- oder Bundesebene Regelungen erlassen werden, die die Schließungen in der derzeitigen Situation regeln. Dies ist, Stand Beginn April 2020, nicht der Fall und auf Dauer auch unwahrscheinlich.

Wann *muss* ich meine Praxis schließen?

Personen, die positiv auf das neue Corona-Virus getestet wurden, sind verpflichtet, dem Gesundheitsamt sämtliche Kontakte der letzten Zeit zu melden, so dass nachverfolgbar ist, wo eventuelle Risikobegegnungen stattgefunden haben könnten. Sollte einer Ihrer Patienten oder ein Mitarbeiter zu dieser Gruppe gehören, wird das Gesundheitsamt Sie benachrichtigen. Die Folge kann dann durchaus die zwangsweise Schießung der Praxis und/oder die Anordnung häuslicher Quarantäne für Therapeuten sowie Mitarbeiter und Patienten sein.

Zentral für Sie als Praxisinhaber in einer solchen Situation ist: Tauschen Sie sich mit den Behörden aus! Sollte eine Verfügung von Seiten der Gesundheitsämter oder übergeordneter Behörden vorliegen, eine bestimmte Praxis zu schließen, so ist dieser Verfügung selbstverständlich unverzüglich Folge zu leisten. Achten Sie in diesem Zusammenhang aber unbedingt darauf, dass eine schriftliche Bestätigung dieser Anordnung vorliegt und somit eine offizielle behördliche Schließung der Praxis nachgewiesen werden kann. Ansonsten können Sie als Praxisinhaber womöglich keinen Entschädigungsanspruch für Behandlungsausfälle etc. geltend machen – dazu jedoch später.

Darf ich meine Praxis aus Vorsicht schließen?

Sollte keine konkrete behördliche Anweisung vorliegen, dass Sie Ihre Praxis schließen müssen, und auch nicht absehbar ist, dass eine solche Anweisung von Seiten des Gesundheitsamtes in Zukunft ausgesprochen wird, spricht nichts dagegen, dass die Praxis weiter betrieben wird. Das heißt: Öffnen Sie Ihre Praxis, denn wie gesagt, bekommen Sie Entschädigungszahlungen nur, wenn eine behördliche Verfügung zur Schließung der Praxis vorliegt. Diese Schließung muss zudem wegen eines Infektionsfalles ausgesprochen werden, um eine Entschädigung erhalten zu können.

Nun sollten natürlich auch die Betreiber von Praxen in den Heilberufen sehr sensibel mit der derzeitigen Situation umgehen. Wie verhält man sich also, wenn der Verdacht besteht, dass sich ein Patient oder auch ein Mitarbeiter mit dem Corona-Virus angesteckt hat, und vor kurzem noch in der Praxis zur Behandlung oder zur Arbeit zugegen war? Hier heißt es zu allererst, besonnen und professionell zu reagieren. Besprechen Sie die Situation im Einzelfall mit den womöglich betroffenen Patienten oder Mitarbeitern, die bei einem Verdacht zuhause bleiben und sich telefonisch mit ihrem jeweiligen Hausarzt in Verbindung setzen sollten.

Ein Verdacht – so konkret er auch sein mag – reicht nicht aus, um eigenmächtige Maßnahmen wie etwa die Schließung der Praxis zu begründen. Eine Schließung ist erst ratsam, wenn ein Fall im direkten Umfeld von Seiten des Gesundheitsamts bestätigt wurde. Um eine weitere Verbreitung des Virus zu vermeiden wird das zuständige Gesundheitsamt entsprechende Schritte einleiten.

Demnach darf eine Schließung durch den Praxisinhaber freiwillig erfolgen. Allerdings muss dieser die damit einhergehenden finanziellen Folgen im Regelfall selbst tragen.

Darf ich Behandlungen verweigern?

Mit der Kassenzulassung einer Praxis gehen ein Behandlungsauftrag und auch eine Behandlungspflicht einher. Die Frage stellt sich also ganz klar: Muss ich einen Patienten behandeln, wenn ich die Gefahr sehe, mich selbst als Therapeut zu infizieren und dadurch auch weitere Patienten oder meine Familie zu gefährden? Wie sieht es in einem solchen Fall mit der Fürsorgepflicht gegenüber den vielleicht vorhandenen Angestellten aus? Wo besteht also die Behandlungspflicht und wo wird diese ausgehebelt?

Im Kontext der COVID-19-Pandemie können wir festhalten, dass die Behandlungspflicht da ihre Grenzen hat, wo der Patient, der Praxisinhaber, seine Mitarbeiter oder auch andere Patienten der Praxis gefährdet werden. Das heißt, wenn in einem konkreten Fall eine Infektionsgefahr besteht und damit eine Ansteckung riskiert wird, kann man Behandlungen ohne weiteres verweigern.

Ein betroffener Patient sollte sich in einem solchen Fall mit seinem Hausarzt in Verbindung setzen und sich untersuchen lassen, bevor er die Praxis des Heilmittelerbringers aufsucht. Gehen Sie also offen aber sensibel mit einer solchen Situation um und erklären Sie Ihren Standpunkt. Das Gespräch mit dem Patienten sollte dabei im Einzelfall immer die Grundlage für die gemeinsame Entscheidung sein, eine Behandlung nicht durchzuführen bzw. zu verschieben.

Was kann man vorbeugend angesichts der Tatsache tun, dass Personen zwar infiziert und auch ansteckend sein können, aber noch keine Krankheitssymptome zeigen, oder wenn ein Patient einen so milden Krankheitsverlauf erfährt, dass er keine oder kaum Symptome zeigt? Es ist natürlich nicht möglich, eine Behandlung ohne irgendwelche Verdachtsmomente zu verweigern, einen verlässlichen Schutz gibt es in diesen Fällen also nicht. Umso entscheidender ist also, dass im Praxisalltag – wie auch sonst – auf die Einhaltung der Hygieneregeln geachtet wird, um das Risiko einer Ansteckung auch bei solch unerkannten Verläufen so gut es geht zu minimieren.

Auf einen besonderen Fall will ich noch kurz eingehen: Sollte ein Patient erkrankt und auch positiv getestet worden sein, und dennoch darauf bestehen, eine Behandlung in Anspruch zu nehmen, so dürfen Sie den Patienten natürlich der Praxis verweisen und die Behandlung verweigern. Darüber hinaus sollte der Praxisinhaber die Personen, die sich trotz Infektion nicht an die sicherlich vorgeschriebene häusliche Quarantäne halten, dem zuständigen Gesundheitsamt melden. Verwechseln Sie dieses Vorgehen nicht etwa mit Denunzieren! Es geht hier darum, die Ausbreitung der Epidemie zu verhindern bzw. zu verlangsamen – Und dies wird nur funktionieren, wenn wir alle uns an gewisse Grundsätze und Regeln in unserem alltäglichen Miteinander halten!

Bin ich meldepflichtig?

Seit dem 1. Februar 2020 gilt die Verordnung über die Ausdehnung der Meldepflicht auf Infektionen mit dem erstmals im Dezember 2019 aufgetretenen neuartigen Corona-Virus. Das Robert Koch Institut stellt in diesem Zusammenhang in seinen Empfehlungen zur Meldung von Verdachtsfällen von COVID-19 bezüglich der zur Meldung verpflichteten Personen klar:

> Meldepflichtig sind nicht nur Ärzte, sondern auch Angehörige eines anderen Heil- oder Pflegeberufs und Leiter von Einrichtungen (vgl. § 36 Abs. 1 Nr. 1–6, u.a. Schulen, Kindergärten, Pflegeeinrichtungen, Altenheimen und sonstigen Massenunterkünften). Gerade in diesen Bereichen ist die Meldepflicht wichtig, um frühzeitig Ausbrüche von COVID-19 zu erkennen und Maßnahmen zum Schutz vulnerabler Gruppen einleiten zu können.
>
> Quelle:
> *https://www.rki.de/DE/Content/InfAZ/N/Neuartiges_Coronavirus/Empfehlung_Meldung.html*

Die Frage, ob man als Heilmittelerbringer meldepflichtig ist, kann also mit einem eindeutigen »Ja« beantwortet werden. Des Weiteren heißt es zu den Voraussetzungen einer Meldung in den Empfehlungen des Robert Koch Instituts:

> Meldepflichtig ist der Verdacht einer Erkrankung, die Erkrankung sowie der Tod in Bezug auf eine Infektion, die durch das neuartige Coronavirus (SARS-CoV-2) hervor-

gerufen wird. Die Meldung des Verdachts einer Erkrankung hat nur zu erfolgen, wenn der Verdacht nach dem Stand der Wissenschaft sowohl durch das klinische Bild als auch durch einen wahrscheinlichen epidemiologischen Zusammenhang begründet ist. Die vom Robert Koch-Institut veröffentlichte Empfehlung ist zu berücksichtigen.

Quelle:
https://www.rki.de/DE/Content/InfAZ/N/Neuartiges_Coronavirus/Empfehlung_Meldung.html

Einen Verdachtsfall zu erkennen kann dabei durchaus schwierig sein. Um eine Vielzahl von Falschmeldungen zu vermeiden, die unter anderem auch die Gesundheitsämter überlasten würden und in der Folge kaum verfolgt werden könnten, hat das Robert Koch Institut auf Basis der bisherigen Erfahrungen mit dem neuartigen Corona-Virus die folgenden Leitlinien veröffentlicht:

Der Verdacht auf COVID-19 ist begründet, wenn bei Personen mindestens eine der beiden folgenden Konstellationen vorliegt:

- Personen mit akuten respiratorischen Symptomen jeder Schwere UND Kontakt mit einem bestätigten Fall von COVID-19

- Auftreten von zwei oder mehr Lungenentzündungen (Pneumonien) in einer medizinischen Einrichtung, einem Pflege- oder Altenheim, bei denen ein epidemischer Zusammenhang wahrscheinlich ist oder vermutet wird, auch ohne Vorliegen eines Erregernachweises.

Quelle:
https://www.rki.de/DE/Content/InfAZ/N/Neuartiges_Coronavirus/Empfehlung_Meldung.html

Als Kontakt zu einem bestätigten Fall ist dabei die Versorgung bzw. Pflege einer Person definiert, insbesondere durch medizinisches Personal oder Familienmitglieder, sowie der Aufenthalt am selben Ort wie eine Person, während diese symptomatisch war. Um als Kontakt in diesem Sinne zu gelten, muss innerhalb der letzten vierzehn Tage vor Eintreten der Symptome eines der beiden Kriterien erfüllt sein.

Sollten Sie also als Therapeut hinreichende Voraussetzungen für die Meldung eines Verdachtsfalls gemäß der vom Robert Koch Institut herausgegebenen Empfehlungen sehen, *müssen* Sie die Meldung unverzüglich beim zuständigen Gesundheitsamt vornehmen. Zur betroffenen Person sind dabei, soweit diese Informationen vorliegen, folgende Angaben zu machen:

- Name, Vorname, Geschlecht, Geburtsdatum
- Adresse und weitere Kontaktdaten (z.B. Telefonnummer, E-Mail-Adresse)
- Tätigkeit, Betreuung oder Unterbringung in einer Einrichtung, z.B. Krankenhaus, Gemeinschaftseinrichtungen (z.B. Kita, Schule), Einrichtungen zur Betreuung und Unterbringung älterer, behinderter oder pflegebedürftiger Menschen, Obdachlosenunterkünfte, Gemeinschaftsunterkünfte für Asylsuchende, Justizvollzugsanstalten
- Diagnose oder Verdachtsdiagnose
- Tag der Erkrankung, Tag der Diagnose, gegebenenfalls Tag des Todes und wahrscheinlicher Zeitpunkt oder Zeitraum der Infektion
- wahrscheinliche Infektionsquelle, einschließlich der zugrunde liegenden Tatsachen
- Ort, an dem die Infektion wahrscheinlich erworben worden ist
- Überweisung, Aufnahme und Entlassung z.B. aus einem Krankenhaus, ggf. intensivmedizinische Behandlung und deren Dauer

- Zugehörigkeit zur Bundeswehr bzw. Unterbringung in Einrichtung der Bundeswehr

Quelle:
https://www.rki.de/DE/Content/InfAZ/N/Neuartiges_Coronavirus/Empfehlung_Meldung.html

Des Weiteren sind Sie als meldende Person verpflichtet, Namen, Anschrift und Kontaktdaten wie zum Beispiel Handynummer oder E-Mail-Adresse anzugeben.

Die Heilmittelerbringer üben systemrelevante Berufe aus!

In den vergangenen Wochen stand ich in wiederholtem Kontakt zu Bundestagsabgeordneten. Aus diesen Gesprächen ging hervor, dass sich diese intensiv für die Heilmittelerbringer, also für Physiotherapeuten, Podologen, Ergotherapeuten und Logopäden, einsetzen. Die Politik sehe demnach einen sehr hohen Unterstützungsbedarf für die Primärversorgung – etwa in Krankenhäusern –, allerdings werde man sich dafür einsetzen, dass man in der aktuellen Situation nicht die ebenfalls wichtige Sekundärversorgung durch Angehörige der Heilberufe vergisst. Darüber hinaus wurde bestätigt, dass vor allem die Bundespolitik die Heilmittelerbringer zur kritischen Infrastruktur zählt. Ich will deshalb noch einmal betonen: Die Heilberufe gehören zu den Gesundheits- und Versorgungsberufen und sind damit als systemrelevant einzustufen!

Systemrelevanz und die Folgen für die Praxis

Was bedeutet diese Einordnung der Heilmittelerbringer in die Gruppe der systemrelevanten Berufe nun für die Praxis? Zunächst einmal, dass Sie Ihre Praxis – soweit nicht anders verordnet – unbedingt geöffnet lassen sollten.

Die auch zuletzt vermehrt von Therapeuten geäußerten Bedenken, ihre Praxen angesichts der Infektionsgefahr oder auch aufgrund einer übermäßig hohen Zahl an Terminabsagen geöffnet zu lassen, verkennen die wichtige Einstufung der Systemrelevanz. Sollten sich Angehörige der Heilberufe deshalb in der jetzigen Pandemie-Situation flächendeckend dazu entschließen, ihre Praxen zu schließen, könnte – ja wird – dies später weitreichende Konsequenzen haben. Hier muss man nicht erst an künftige Gebührenverhandlungen denken, für die man sich sicherlich in eine mehr als ungünstige Position begibt, es geht vielmehr darum, die Versorgung der Menschen sicherzustellen. Zudem wird es aller Voraussicht nach keine Entschädigungszahlungen nach dem Infektionsschutzgesetz für diejenigen Praxen geben, die eigenmächtige Schließungen vornehmen. In den letzten Jahren haben alle Berufsverbände der Heilmittelerbringer für Anerkennung der Therapieberufe bei der Politik geworben und die Anerkennung hat merklich zugenommen. Immer wieder wurde dabei auch die Bedeutung dieser Berufe für das ganze Gesundheitssystem hervorgehoben. Wenn nunmehr bei einer der ersten wirklichen Krisen der letzten Jahre sich diese Berufsangehörigen sofort zurückziehen, verspielen sie damit jegliche Anerkennung bei der Politik. Die, die eine Schließung forderten und fordern, sind sich daher den Folgen offenbar nicht bewusst. Die Praxisinhaber, welche die Schließung auf die mangelnde Möglichkeit der Einhaltung von Hygienemaßnahmen stützen, verkennen, dass eigentlich jede Praxis dazu verpflichtet ist, ausreichend Ausstattung vorzuhalten. Sollte also von Beginn der Krise an keine entsprechende Ausstattung vorhanden sein, zeigt dies nur, dass der Praxisinhaber sich bereits vorher nicht an die Vorgaben gehalten hat. So kann von jedem Praxisinhaber erwartet werden, dass dieser Desinfektionsmaterial und (notwendige) Schutzausrüstung für mehrere Wochen auf Lager hat. Wer dies bestreitet, hat sich mit den Hygieneverordnungen der Bundesländer bisweilen nicht auseinandergesetzt.

Was sind medizinisch dringend erforderliche Behandlungen?

Bedeutet diese Einordnung in die kritische Infrastruktur, dass die Praxis nun unter Beachtung aller gültigen Hygiene- und Vorsichtsmaßnahmen weitergeführt werden kann? Die Antwort ist »Nein«, da die in Kraft getretenen Erlasse regeln, dass nur »medizinisch dringend erforderliche Behandlungen« vorgenommen werden dürfen. Im schon erwähnten Erlass der bayrischen Landesregierung vom 22. März ist hierzu ein wichtiger Passus enthalten, von dem erwartet wird, dass er bald auch von anderen Bundesländern übernommen wird, und der die Heilberufe direkt betrifft. So wird in Paragraph 1, Absatz 5b zu den Ausnahmen im Rahmen der vorläufigen Ausgangsbeschränkungen anlässlich der Corona-Pandemie unter anderem aufgeführt:

> Die Inanspruchnahme medizinischer und veterinärmedizinischer Versorgungsleistungen (z. B. Arztbesuch, medizinische Behandlungen; Blutspenden sind ausdrücklich erlaubt) sowie der Besuch bei Angehörigen helfender Berufe, soweit dies medizinisch dringend erforderlich ist (z. B. Psycho- und Physiotherapeuten)
>
> Quelle:
> *https://www.bayern.de/service/coronavirus-in-bayern-informationen-auf-einen-blick/vorlaeufige-ausgangsbeschraenkung-anlaesslich-der-corona-pandemie/*

Dieser Erlass erlaubt also medizinisch dringend erforderliche Behandlungen durch Angehörige heilender Berufe. Was genau heißt das aber für die Praxis? Vor allem: Wie definiert sich eine »medizinisch dringend erforderliche Behandlung«?

Aus juristischer Perspektive ist in diesem Zusammenhang erst einmal unklar, was genau eine »dringend erforderliche Behandlung« sein soll und wie sich diese etwa von einer weniger oder auch nicht dringenden Behandlung unterscheidet. Tatsächlich existieren hierfür keine fixen gesetzlichen Regelungen, weshalb wir uns mit allgemeinen Auslegungskriterien auseinandersetzen müssen.

Laut Duden definiert sich der Begriff »erforderlich« bzw. das synonym zu gebrauchende »notwendig« als »nicht zu umgehen«, »unerlässlich«, »unbedingt erforderlich«. Der Charakter einer Behandlung muss demnach »zwingend« sein. Darauf aufbauend lässt sich argumentieren, dass eine Behandlung medizinisch dringend erforderlich ist, wenn die Behandlung dazu führt, dass Folgeschäden nicht eintreten. Wenn ein Patient also im Umkehrschluss nicht zu diesem bestimmten Zeitpunkt behandelt wird, kann davon ausgegangen werden, dass er zu einem späteren Zeitpunkt Folgeschäden erleiden wird.

Gemäß dieser Überlegungen haben mittlerweile mehrere Bundesländer ihre Erlasse dahingehend spezifiziert, wann eine Behandlung dringend erforderlich ist und allen Praxen im Bereich der Heilberufe damit einen recht eindeutigen Leitfaden an die Hand gegeben. So fallen all diejenigen Behandlungen unter das Kriterium »medizinisch dringend erforderlich«, wenn eine ärztliche Verordnung für ebendiese Behandlung vorliegt. Entgegen verschiedener Gerüchte und Mutmaßungen hat unlängst auch das niedersächsische Gesundheitsamt klargestellt, dass kein spezielles Attest vom Arzt vorliegen muss, um dieses Kriterium zu erfüllen. Ärzte dürfen also weiterhin wie gewohnt ihre Verordnungen ausstellen und die Therapeuten dürfen daraufhin wie gewohnt mit ihrer

Behandlung beginnen. Insbesondere eine ausgestellte Verordnung während der Corona-Krise ist ein eindeutiges Indiz für die Notwendigkeit, weil ein Arzt ansonsten in diesen Zeiten gar keine Verordnung ausgestellt hätte. Solange also keine Regelung besagt, dass auch Behandlungen mit Verordnung nicht mehr gestattet sind, kann weiterhin auf Verordnung behandelt werden.

Medizinisch dringend erforderliche Behandlungen aufschieben?

Sollte sich also ein Patient mit einer ärztlichen Verordnung für eine Behandlung anmelden, so dürfen (und sollen) Sie diese erforderliche medizinische Behandlung natürlich durchführen. Wir dürfen dabei generell davon ausgehen, dass die Ärzte angesichts der aktuellen Lage die medizinisch wirklich notwendigen Behandlungen nach wie vor verordnen.

Sollte es sich im Einzelfall um ältere, noch vor Ausbruch der COVID-19-Pandemie ausgestellte Verordnungen handeln, liegt es im Ermessen des Therapeuten, die Situation ggf. mit dem Patienten zu erörtern und individuell zu entscheiden, ob eine Behandlung trotz vorliegender ärztlicher Verordnung vielleicht auf einen späteren Zeitpunkt verschoben werden kann. Zentral ist in diesem Zusammenhang natürlich, dass eine medizinische Gefährdung des Patienten ausgeschlossen ist, weshalb man vor einer Entscheidung womöglich Rücksprache mit dem behandelnden Arzt halten sollte.

Da viele Patienten, vor allem diejenigen mit einem erhöhten Risiko, bei einer Infektion mit dem neuartigen Corona-Virus einen schweren Verlauf der damit einhergehenden Lungenkrankheit zu erleiden, derzeit aus Angst vor einer Infektion vermehrt Behandlungstermine absagen, haben die Kassenverbände der gesetzlichen Krankenkassen am 18. März und am 31. März 2020 einige Erleichterungen für den Heilmittelbereich auf den Weg gebracht. Damit werden Unterbrechungsfristen bei Behandlungen zunächst bis zum 31. Mai 2020 verlängert. Diese Anpassung tritt zudem *rückwirkend* zum 9. März 2020 in Kraft. Den Empfehlungen vom 18. März 2020 haben sich inzwischen die Träger der gesetzlichen Unfallversicherung angeschlossen. Ob sich diese den danach folgenden Empfehlungen anschließen ist zu hoffen, muss aber von der Praxis im Einzelfall geklärt werden.

Die Empfehlungen für den Heilmittelbereich aufgrund des Ausbruchs von SARS-CoV-2, Stand 18. März 2020, 18.00 Uhr, lauten wie folgt:

> Aufgrund der mit der Pandemie einhergehenden Einschränkungen des täglichen Lebens erklären die Kassenverbände auf Bundesebene und der GKV-Spitzenverband ihre Bereitschaft in den nachfolgend angeführten Bereichen zeitlich befristet von den bisherigen Regelungsvorgaben der Versorgung mit Heilmitteln abzuweichen. Ziel ist die Versorgung in dieser außerordentlichen Situation zu erleichtern und aufrecht zu erhalten. Diese Verfahrensregelung gilt zunächst für alle Behandlungen, die bis einschließlich 30.04.2020 durchgeführt werden; sie stellt kein Präjudiz für die Zeit danach dar.
>
> 1. Die in § 16 Abs. 3 der Heilmittel-Richtlinie des Gemeinsamen Bundesausschusses (HM-RL) geregelte Unterbrechungsfrist von 14 Kalendertagen bzw. die in den aktuell gültigen Verträgen nach § 125 Abs.2 SGB V (alt) vereinbarten Unterbrechungsfristen werden nicht geprüft. Der letzte Behandlungstag vor der Unterbrechung muss nach dem 17.02.2020 liegen.

2. Die 12-Wochen-Frist gemäß § 8 Abs. 1 Satz 4 HM-RL ist nur für die Bemessung der Verordnungsmenge zum Zeitpunkt der Verordnung maßgeblich, nicht jedoch für die Gültigkeit einer Verordnung über 12 Wochen hinaus.

3. Gleiches gilt für den Behandlungsbeginn von 14 Kalendertagen für die Physiotherapie, Ergotherapie und Stimm-, Sprech-, Sprach-und Schlucktherapie (Sprachtherapie) bzw. 28 Kalendertagen für die Podologie und Ernährungstherapie bzw. wenn die Vertragsärztin oder der Vertragsarzt Angaben zu einem spätesten Behandlungsbeginn auf dem Verordnungsvordruck gemacht hat. Dies gilt für alle nach dem 18.02.2020 ausgestellte Verordnungen.

4. Die Regelungen gelten sowohl für vertragsärztliche als auch für vertragszahnärztliche Heilmittelverordnungen.

5. Eine Teilabrechnung bereits erbrachter Leistungen ist möglich. Hierfür kann für die ärztliche Verordnung einmalig nach Erbringung von Behandlungen eine Zwischenrechnung bei den von Krankenkassen benannten Stellen (Daten-und Papierannahmestellen) unter Vorlage einer Originalverordnung sowie der Empfangsbestätigungen des Versicherten/der betreuenden Person als Zwischenabrechnung gekennzeichnet, eingereicht werden. Zum Abschluss der Behandlungsserie ist unter Bezugnahme auf die erste Abrechnung für die übrigen Behandlungen eine Kopie der Verordnung einzureichen, auf der sich auch die übrigen originalen Empfangsbestätigungen des Versicherten/der betreuenden Person befinden. Bereits abgerechnete Leistungen sind auf der Verordnungskopie durch einen Vermerk kenntlich zu machen und können nicht erneut nach Beendigung der Behandlungsserie in Rechnung gestellt werden

6. Der in den Richtlinien zur Abwicklung des Datenaustauschs nach § 302 Abs. 2 SGB V oder vertraglich vereinbarte Grundsatz, dass Abrechnungen einmal monatlich je Leistungserbringer-Institutionskennzeichen mit der Krankenkasse abzurechnen sind, wird ausgesetzt. Somit können beendete oder abgebrochene Verordnungen zeitnah abgerechnet werden.

7. Bei nicht richtlinienkonform ausgestellten Heilmittelverordnungen können die Leistungserbringer notwendige Änderungen bzw. Ergänzungen an den vom Vertragsarzt auf dem Verordnungsblatt gemachten Angaben (mit Ausnahme der Angaben »Art des Heilmittels« und »Verordnungsmenge«) selbst vornehmen. Einer Änderung bzw. Ergänzung der Verordnung durch die Vertragsärztin oder den Vertragsarzt bzw. einer Rücksprache mit der Vertragsärztin oder dem Vertragsarzt bedarf es hierzu nicht. Die Änderung bzw. Ergänzung ist auf der Rückseite des Verordnungsblatts unten links kurz zu begründen und mit Datum und Handzeichen des Leistungserbringers zu versehen.

8. Sofern die Behandlungen aus therapeutischer Sicht auch im Rahmen einer telemedizinischen Leistung (Videobehandlung oder telefonische Beratungen) stattfinden können, ist dies mit vorheriger Einwilligung der Versicherten für die nachfolgend aufgeführten Heilmittel möglich. Die Videobehandlung muss in Räumen stattfinden, die Privatsphäre bieten. Die beim Leistungserbringer und bei den Versicherten bereits vorhandene Technik muss eine angemessene gegenseitige Kommunikation gewährleisten.

Die Videobehandlungen sind im Bereich

- der Stimm-, Sprech- Sprachtherapie mit Ausnahme der Schlucktherapie
- der Ergotherapie

- der Physiotherapie für die Bewegungstherapie/ Übungsbehandlung in Einzelbehandlung für die Positionen
- Bewegungsübungen/opädisches Turnen« (X0301), »Atemgymnastik« (X0302) und »Atem- und Kreislaufgymnastik« (X0303), für die Position »Krankengymnastische Behandlung, auch Atemgymnastik, auch auf neuro-physiologischer Grundlage als Einzelbehandlung« (/X0501) sowie für die Positionen »Krankengymnastik auf neurophysiologischer Grundlage, auch Atemtherapie bei cystischer Fibrose (Mucoviscidose) (X0701) und »Krankengymnastik, auch Atemtherapie, bei Mucoviscidose und schweren Bronchialerkrankungen, 60 Min.« (X0702)

grundsätzlich möglich.

Auf der Rückseite der Verordnung ist die Therapie als Videobehandlung »V« oder »Video« zu kennzeichnen. Die Bestätigung der erbrachten Leistungen durch die Versicherten kann auch auf elektronischem Wege erfolgen. Im Bereich der Ernährungstherapie ist die Beratung, sofern möglich auch als telefonische Beratung möglich. Dies ist ebenfalls auf der Rückseite der Verordnung mit »T« oder »Telefon« zu kennzeichnen.

9. Die Krankenkassenverbände weisen darauf hin, dass die Verbreitung des SARSCoV-2 ebenfalls zu Problemen in der operativen Bearbeitung bei den Krankenkassen und/oder Abrechnungsdienstleister führen kann.

Die Empfehlungen für den Heilmittelbereich aufgrund des Ausbruchs von SARS-CoV-2, Stand 31. März 2020,12.00 Uhr, lauten wie folgt:

Aufgrund der mit der Pandemie einhergehenden Einschränkungen des täglichen Lebens erklären die Kassenverbände auf Bundesebene und der GKV-Spitzenverband ihre Bereitschaft in den nachfolgend angeführten Bereichen zeitlich befristet von den bisherigen Regelungsvorgaben der Versorgung mit Heilmitteln abzuweichen. Ziel ist die Versorgung in dieser außerordentlichen Situation zu erleichtern und aufrecht zu erhalten. Diese Verfahrensregelung gilt zunächst für alle Behandlungen, die bis einschließlich 31.05.2020 durchgeführt werden; sie stellt kein Präjudiz für die Zeit danach dar.

Unter Beachtung der Vorgaben von Bund und Ländern und der aktuellen Beschlüsse vom Gemeinsamen Bundesauschuss (G-BA) gelten diese Empfehlungen für alle Leistungserbringer nach § 124 SGB V der Physiotherapie (inkl. Masseure und med. Bademeister), der Ergotherapie, der Ernährungstherapie, der Stimm-, Sprech-, Sprach-und Schlucktherapie, sowie der Podologie.

Eine ärztlich verordnete Heilmittelbehandlung ist immer als medizinisch notwendig anzusehen und daher auch nach diesen Empfehlungen grundsätzlich anrechnungsfähig. Die Entscheidung, ob die Behandlung aktuell persönlich oder im Rahmen einer telemedizinischen Behandlung (siehe Punkt 8) erfolgen kann, trifft die Therapeutin oder der Therapeut.

Der Gemeinsame Bundesauschuss hat mit Beschluss vom 27. März 2020 rückwirkend zum 9.März 2020 u.a. die Heilmittel-Richtlinie und die Heilmittel-Richtlinie Zahnärzte an die aktuelle Pandemie angepasst. Diese Sonderregelungen betreffen insbesondere:

- Aussetzung der Frist für den Behandlungsbeginn
- Aussetzung der Frist bei Unterbrechung der Behandlung

- Verlängerung der Fristen im Rahmen des Entlassmanagements

Darüber hinaus gelten folgende Empfehlungen:

1. Die in § 16 Abs. 3 der Heilmittel-Richtlinie des Gemeinsamen Bundesausschusses (HM-RL) geregelte Unterbrechungsfrist von 14 Kalendertagen bzw. die in den aktuell gültigen Verträgen nach § 125 Abs.2 SGB V (alt) vereinbarten Unterbrechungsfristen werden nicht geprüft. Der letzte Behandlungstag vor der Unterbrechung muss nach dem 17.02.2020 liegen.

2. Die 12-Wochen-Frist gemäß § 8 Abs. 1 Satz 4 HM-RL ist nur für die Bemessung der Verordnungsmenge zum Zeitpunkt der Verordnung maßgeblich, nicht jedoch für die Gültigkeit einer Verordnung über 12 Wochen hinaus.

3. Der Behandlungsbeginn von 14 Kalendertagen für die Physiotherapie, Ergotherapie und Stimm-, Sprech-, Sprach-und Schlucktherapie (Sprachtherapie) bzw. 28 Kalendertagen für die Podologie und Ernährungstherapie bzw. wenn die Vertragsärztin oder der Vertragsarzt Angaben zu einem spätesten Behandlungsbeginn auf dem Verordnungsvordruck gemacht hat wird ausgesetzt. Dies gilt für alle nach dem 18.02.2020 ausgestellte Verordnungen.

4. Die Regelungen gelten sowohl für vertragsärztliche als auch für vertragszahnärztliche Heilmittelverordnungen.

5. Eine Teilabrechnung bereits erbrachter Leistungen ist möglich. Hierfür kann für die ärztliche Verordnung einmalig nach Erbringung von Behandlungen eine Zwischenrechnung bei den von Krankenkassen benannten Stellen (Daten-und Papierannahmestellen) unter Vorlage einer Originalverordnung sowie der Empfangsbe-

stätigungen des Versicherten/der betreuenden Person als Zwischenabrechnung gekennzeichnet, eingereicht werden. Zum Abschluss der Behandlungsserie ist unter Bezugnahme auf die erste Abrechnung für die übrigen Behandlungen eine Kopie der Verordnung einzureichen, auf der sich auch die übrigen originalen Empfangsbestätigungen des Versicherten/der betreuenden Person befinden. Bereits abgerechnete Leistungen sind auf der Verordnungskopie durch einen Vermerk kenntlich zu machen und können nicht erneut nach Beendigung der Behandlungsserie in Rechnung gestellt werden.

6. Der in den Richtlinien zur Abwicklung des Datenaustauschs nach § 302 Abs. 2 SGB V oder vertraglich vereinbarte Grundsatz, dass Abrechnungen einmal monatlich je Leistungserbringer-Institutionskennzeichen mit der Krankenkasse abzurechnen sind, wird ausgesetzt. Somit können beendete oder abgebrochene Verordnungen zeitnah abgerechnet werden.

7. Bei nicht richtlinienkonform ausgestellten Heilmittelverordnungen können die Leistungserbringer notwendige Änderungen bzw. Ergänzungen an den vom Vertragsarzt auf dem Verordnungsblatt gemachten Angaben (mit Ausnahme der Angaben »Art des Heilmittels« und »Verordnungsmenge«) selbst vornehmen. Einer Änderung bzw. Ergänzung der Verordnung durch die Vertragsärztin oder den Vertragsarzt bzw. einer Rücksprache mit der Vertragsärztin oder dem Vertragsarzt bedarf es hierzu nicht. Die Änderung bzw. Ergänzung ist auf der Rückseite des Verordnungsblatts unten links kurz zu begründen und mit Datum und Handzeichen des Leistungserbringers zu versehen.

8. Sofern die Behandlungen aus therapeutischer Sicht auch im Rahmen einer telemedizinischen Leistung (Videobehandlung oder telefonische Beratungen) stattfinden können, ist dies mit vorheriger Einwilligung

der Versicherten für die nachfolgend aufgeführten Heilmittel möglich. Die Videobehandlung muss in Räumen stattfinden, die Privatsphäre bieten. Die beim Leistungserbringer und bei den Versicherten bereits vorhandene Technik muss eine angemessene gegenseitige Kommunikation gewährleisten.

Die Videobehandlungen sind im Bereich

- der Stimm-, Sprech- und Sprachtherapie
- der Schlucktherapie ausschließlich bei SCZ
- der Ergotherapie
- der Ernährungstherapie
- der Physiotherapie für die
    - X0301 Bewegungstherapie,
    - X0501 Krankengymnastik (auch KG-Atemtherapie) und
    - X0702 Krankengymnastik-Mukoviscidose

grundsätzlich möglich.

Im Bereich der Ernährungstherapie ist die Beratung, auch als telefonische Beratung möglich.

Auf der Rückseite der Verordnung ist die Therapie als Videobehandlung »V« oder »Video« bzw. »T« oder »Telefon« zu kennzeichnen. Die Bestätigung der erbrachten Leistungen durch die Versicherten kann auch auf elektronischen Wege (z.B. per Fax, E- Mail) erfolgen. Die Einwilligung und Bestätigung der Versicherten ist der Abrechnung nicht beizufügen. Der Leistungserbringer hat die Einwilligung und die Bestätigung entsprechend aufzubewahren und der Krankenkasse auf Nachfrage vorzulegen.

9. Sofern aufgrund der Pandemie bei bereits zugelassenen Leistungserbringern einzelne Kriterien der gültigen Zulassungsempfehlungen nicht oder nur teilweise erfüllt werden können, hat dies keine Auswirkungen

auf die Zulassung bzw. die Abrechnungserlaubnis gegenüber den Krankenkassen. Dies gilt insbesondere bei:

- Reduzierung der Öffnungszeiten
- Abwesenheit/Beendigung des Arbeitsverhältnisses der fachlichen Leitung
- Jobsharing-Verfahren der fachlichen Leitung auch auf mehr als zwei Therapeutinnen oder Therapeuten

Anträge auf Zulassung sollen aktuell ausschließlich per E-Mail an die zuständigen Arbeitsgemeinschaften übermittelt werden. Die Bestätigung erfolgt zunächst auch per E- Mail.

10. Die Krankenkassenverbände weisen darauf hin, dass die Corona Auswirkungen ebenfalls zu Problemen in der operativen Bearbeitung bei den Krankenkassen und/oder Abrechnungsdienstleister führen kann.

Wellnessmassagen und therapeutische Massagen

Im Rahmen dieser Verordnungen sollten vor allem Therapeuten, die Massagen anbieten, beachten, dass natürlich weiterhin medizinische Massagen erlaubt sind – solange eine entsprechende ärztliche Verordnung vorliegt. Bis auf weiteres nicht mehr erlaubt sind Behandlungen, die dem Bereich der Wellnessmassagen zuzuordnen sind. Die Ordnungsämter kontrollieren in den Praxen, ob diese Bestimmung eingehalten wird, ob also tatsächlich keine Wellnessleistungen angeboten und durchgeführt werden, sondern nur Heilbehandlungen. Sollte Ihre Praxis beispielsweise generell ausschließlich Wellnessmassagen anbieten, ist der Massagebereich zu schließen. Für Privatpatienten und Selbstzahler gilt hierbei natürlich:

Wenn keine ärztliche Verordnung vorliegt, darf keine Behandlung vorgenommen werden.

Leider drückte sich die Bundeskanzlerin genau zu diesem Punkt während einer Fernsehansprache ungünstig aus, als sie äußerte, dass »Massagepraxen« geschlossen werden müssen. Gemeint waren damit Wellnesseinrichtungen und eben nicht der Gesundheitssektor.

Kinderbetreuung für die systemrelevanten Berufsgruppen

Im Zuge der Eindämmung der COVID-19-Pandemie sind seit Anfang März 2020 sämtliche Schulen und Kindertagesstätten geschlossen. Dies stellt natürlich alle berufstätigen Eltern vor große Schwierigkeiten, müssen sie doch nun abwägen, wer wann die Kinder betreut und wie viel Zeit dann noch für die eigene Arbeit bleibt. Für die als systemrelevant eingestuften Berufsgruppen, also zum Beispiel Ärzte, Polizisten oder Feuerwehrleute, ist die Kinderbetreuung jedoch sichergestellt und natürlich haben auch die als systemrelevant eingestuften Heilmittelerbringer Anspruch auf diese Kinderbetreuung, so dass sie ihrem Beruf nachgehen können.

Obwohl sich der Föderalismus auch angesichts der derzeitigen Krise in vielen Bereichen als sehr handlungsfähig und effizient erwiesen hat, erhielten ich und meine Mitarbeiter in der Kanzlei gerade zu diesem Thema viele Anfragen. So kam es in Einzelfällen und je nach Bundesland zu Problemen, da entsprechende Einrichtungen die Kinder von Angehörigen der Heilberufe nicht aufnehmen wollten. Hier wurde das Argument vorgebracht, dass die Heilmittelerbringer nicht zur kritischen

Infrastruktur gehörten. Dies ist eigentlich ein Skandal, aber sicherlich muss man den einzelnen Verantwortlichen in den Kinderbetreuungseinrichtungen angesichts der derzeitigen Ausnahmesituation den eigenen Status als in einem systemrelevanten Beruf tätige Person erst einmal darlegen und erklären. Seien Sie hier im Fall der Fälle eindeutig: Gemäß der Leitlinien des Ministeriums für Arbeit, Gesundheit und Soziales gelten Therapeuten als Personal der kritischen Infrastruktur. Insbesondere in Hessen scheint man hier noch Einsicht zeigen zu müssen.

Am Ende allerdings liegt die Entscheidung, ob ein Kind in die Betreuung aufgenommen wird oder nicht, bei der Leitung der jeweiligen Kindertagesstätte oder Schule. Grundlage dieser Entscheidung ist der Nachweis oder die Zusicherung, dass *beide* Elternteile in der kritischen Infrastruktur beschäftigt oder selbstständig sind. Bei Alleinerziehenden genügt dabei selbstverständlich der Nachweis für nur eine Elternperson. Darüber hinaus unterscheiden sich die Regelungen in einzelnen Bundesländern. So gibt es etwa in Bayern oder Nordrhein-Westfalen Ausnahmeregelungen, falls ein Elternteil alleine nicht in der Lage ist, die Betreuung zu übernehmen. Zur Vorlage in der KITA benötigen Sie also einen entsprechenden Nachweis des Arbeitsgebers, dass die Präsenz am Arbeitsplatz zwingend erforderlich ist. Weitere Informationen zu den kommunalen Regelungen, Anträge und Vordrucke sollten Sie bei den zuständigen Behörden erfragen.

Rechtliche Hinweise für den Praxisalltag

Die Fortführung der Praxis stellt viele Praxisinhaber und ihre Mitarbeiter derzeit sicherlich vor große Herausforderungen. Im Folgenden will ich deshalb einige juristische Ratschläge anbieten, was etwa Themen wie Kurzarbeitergeld, telemedizinische Behandlungsmöglichkeiten oder Behandlungsfristen betrifft.

Ärztliche Verordnungen

Vorweg will ich eine Sache klarstellen, die zuletzt immer wieder an mich und meine Kanzlei herangetragen worden ist: Manche Ärzte behaupten, sie dürften seit Ausbruch der COVID-19-Pandemie und den damit einhergehenden Einschränkungen des öffentlichen Lebens keine Verordnungen mehr ausstellen. Das ist natürlich absoluter Blödsinn! Tatsächlich ist eher das Gegenteil der Fall: Ärzte dürfen und müssen mitunter vermehrt Verordnungen ausstellen, da ihnen selbst womöglich die Zeit fehlt, entsprechende medizinisch notwendige Behandlungen vorzunehmen. Wenn also eine Behandlungsbedürftigkeit besteht, müssen Ärzte Verordnungen ausstellen! Dazu sind sie verpflichtet.

Seit dem 31. März 2020 gilt bei Kassenpatienten bezüglich ärztlicher Verordnungen außerdem die Regelung, dass Leistungserbringer aus den Heilberufen nicht ordnungsgemäß ausgestellte Heilmittelverordnungen selbst bearbeiten und hier notwendige Ergänzungen und

Änderungen vornehmen dürfen. Hierzu bedarf es keiner Rücksprache mit dem ausstellenden Vertragsarzt. Sollte also eine Verordnung nicht richtig oder auch unvollständig ausgefüllt sein, dürfen Sie die fehlenden Angaben selbst ergänzen. Die Krankenkassen empfehlen, die jeweiligen Ergänzungen und/oder Änderungen auf der Rückseite des Verordnungsblatts kurz zu begründen und mit Datum und Unterschrift zu versehen. Beachten Sie hierbei unbedingt, dass diese Regelung mit Ausnahme der Angaben zu »Art des Heilmittels« sowie »Verordnungsmenge« gilt, die nur vom Vertragsarzt ausgefüllt werden dürfen.

Hausbesuche

Sollten Sie in Ihrer Praxis auch Hausbesuche vornehmen, spricht nichts dagegen, diese weiterhin durchzuführen, um die Behandlung der Patienten zu gewährleisten. Dies gilt auch für erkrankte und schwer erkrankte Patienten, wobei es umso wichtiger ist, die sowieso gültigen Hygienemaßnahmen zu beachten. Sollte allerdings eine Infektion mit dem Corona-Virus nachgewiesen sein, sollten Sie entsprechende Hausbesuche absagen oder auf einen späteren Zeitpunkt verschieben. Etwas anderes gilt nur, wenn Sie durch Vollschutz eine Infektion verhindern können. Für ambulante Praxen dürfte dies im Praxisalltag schwerlich zu organisieren sein, schon aufgrund des enormen zeitlichen Zusatzaufwands.

Viele Patienten von Therapeuten in den Heilberufen leben in Pflegeeinrichtungen, etwa in Altenpflegeheimen. Hier wurde per Gesetz der Zugang zuletzt stark eingeschränkt, da insbesondere ältere Menschen zur Risikogruppe gehören und mit erhöhter Wahrscheinlichkeit einen schweren Verlauf der Lungenkrankheit COVID-19 erleiden. Ich habe in diesem Kontext schon von mehreren Therapeuten gehört, dass ihnen der Zutritt zu solchen Einrichtungen verwehrt wurde. Dies zieht natürlich erhebliche Probleme nach sich, sowohl für den Therapeuten als auch für den Patienten. Die Frage, ob Angehörigen der Heilberufe nicht der Zugang zu ihren Patienten in Pflegeeinrichtungen erlaubt sein muss, wird sich wohl in den nächsten Wochen klären. Aus juristischer Perspektive mag man vielleicht sogar über eine unterlassene Hilfeleistung nachdenken, wenn der Zutritt verwehrt wird. Es gilt also abzuwägen, was wichtiger ist: Die Möglichkeit, dass ein Therapeut das Virus in eine Einrichtung trägt, oder aber das Wohl des Patienten, der eine medizinisch dringend erforderliche Behandlung in Anspruch nehmen will. Es spricht für mich einiges dafür, dass der Therapeut Zugang zu seinen Patienten haben muss – auch (vielleicht ja gerade) in dieser sehr speziellen Situation. Sollte der Zutritt nicht gewährt werden, wird sich der Bewohner der Einrichtung oder im Zweifel sein Betreuer oder seine Familienmitglieder um die Ermöglichung der Versorgung kümmern müssen.

Kurzarbeit, Entgeltfortzahlung und Urlaub

In Zeiten der Corona-Krise stehen plötzlich viele Arbeitnehmer vor sehr existentiellen Fragen, denn vor einigen Wochen noch sichergeglaubte Jobs drohen nun, verlorenzugehen. Hiervon ist die gesamte Wirtschaft betroffen, zumal wir wegen der wirtschaftlichen Auswirkungen der Krise noch in diesem Jahr mit einer Rezession rechnen müssen. In der aktuellen Situation sind Praxisinhaber nicht nur von ihren Patienten, sondern auch von ihren Mitarbeitern gefordert. Reagieren Sie bitte nicht mit Kurzschlusshandlungen wie etwa Kündigungen, Praxisschließungen oder auch kompletten Praxisaufgaben. Finden Sie gemeinsam mit Ihren Mitarbeitern kreative Lösungen. Das Arbeitsrecht gibt uns hier einige Werkzeuge an die Hand, mit denen auch diese schwierigen Zeiten überbrückt werden können!

Wenn übermäßig viele Termine abgesagt werden und es dadurch nicht genügend Arbeit in der Praxis gibt, sollten Ihre Mitarbeiter zuallererst Überstunden abbauen oder auch Urlaub nehmen – zumindest aus Solidarität. Halten Sie entsprechende Vereinbarungen, Stundenzahlen und Urlaubstage unbedingt schriftlich fest, so dass beide Seiten dies später nachvollziehen können.

Eine wichtige Regelung in der jetzigen Situation ist die Kurzarbeit. Wenn Sie Arbeitnehmer haben, stellen Sie einen Antrag auf Kurzarbeit bei der zuständigen Bundesagentur für Arbeit. Dadurch werden nicht nur die Ausgaben und finanziellen Einschnitte für die Praxis geringer, es kann auch der Lohn fortgezahlt werden. Es gilt, dass nun seit der für die Krise angepassten Gesetzeslage Kurzarbeitergeld ab einem Arbeitsausfall von zehn Prozent beantragt werden kann. Das Kurzarbeitergeld beträgt dann für die Arbeitnehmer 60 Prozent, bei berufstätigen Eltern mit Kindern 67 Prozent des eigentlichen Nettogehalts. Die Differenz zwischen dem eigentlichem Nettogehalt und dem Kurzarbeitergeld wird teilweise von der Bundesagentur für Arbeit erstattet.

Bei der Kurzarbeit sind in diesem Zusammenhang bestimmte Ankündigungsfristen einzuhalten. Ich habe zuletzt öfters von Angestellten in Praxen gehört, dass man versucht, Terminlücken quasi mit Kurzarbeit zu

»stopfen«. So werden die Mitarbeiter zum Arbeitsplatz bestellt und sollen einige Stunden arbeiten, dann mehrere Stunden Pause machen, um im Anschluss erneut Arbeitsstunden zu leisten und so weiter. Das muss ein Arbeitnehmer natürlich nicht mitmachen! Für die Kurzarbeit sind bei der Erstellung eines Dienstplans gewisse Ankündigungsfristen einzuhalten. Zwar sind die gesetzlichen Regelungen in dieser Frage nicht ganz eindeutig, aber es lässt sich festhalten, dass der Arbeitnehmer mindestens vier Tage vor dem Arbeitstag informiert sein muss, wie sein Dienstplan strukturiert ist. Einige Gerichte haben hier auch längere Fristen von bis zu einer Woche festgelegt. Ich empfehle deshalb allen Arbeitgebern in den Heilberufen eindringlich, diese Fristen möglichst einzuhalten! Sorgen Sie dafür, dass Ihre Arbeitnehmer in einem zeitlichen Block beschäftigt sind.

Ein weiteres Thema für Arbeitnehmer, das in der Corona-Krise relevanter geworden ist: Die aktuelle Rechtsprechung besagt, dass, wenn Arbeitnehmer zehn Tage oder mehr als zehn Tage ihre Kinder betreuen müssen und deshalb nicht zur Arbeit kommen können, kein Anspruch auf Entgeltfortzahlung besteht. Da Sie und Ihre Mitarbeiter wie schon klargestellt zur kritischen Infrastruktur gehören und damit als systemrelevant eingestuft sind, besteht Anspruch auf eine Betreuung in Kindertagesstätten. Bestätigen Sie als Praxisinhaber hierzu den Arbeitnehmern, dass diese einer systemrelevanten Tätigkeit nachgehen und geben Sie diese Bestätigung Ihren Mitarbeitern zur Vorlage in der Kindertagesstätte oder vergleichbaren Einrichtung mit. Sollte sich die Einrichtung dann noch immer quer Stellen, muss der Arbeitnehmer hartnäckig bleiben und auf sein Recht der Betreuung durch die Kindertagesstätte bestehen.

In Anbetracht zahlreicher Terminausfälle möchte ich noch einen weiteren Tipp geben, wie die Zeit sinnvoll genutzt werden kann: Versuchen Sie, im Praxisalltag liegengebliebene Aufgaben abzuarbeiten. Hier denke ich insbesondere an offene Abrechnungen, die Buchhaltung oder auch das Thema Datenschutz. Natürlich möchte man als Praxisinhaber ungern derart belehrt werden. Aber aus meiner jahrelangen Beratung von Heilmittelerbringern weiß ich, dass sich eben viele als reine Therapeuten sehen und nicht als Unternehmer. Jeder Selbstständige muss aber ein Stück weit Unternehmer sein, um nicht auf Dauer vor Problemen zu stehen. Gerade in Zeiten, in denen Terminlücken bestehen, kann man sich also besser Aufstellen für die Zeit nach dem Virus. Vielleicht lohnt es sich auch die Praxis zu renovieren oder die Website auf den aktuellen Stand zu bringen. Wann werden Sie wieder Zeit dafür haben? Genau deshalb erhalten Sie zum Ende dieses Buches wertvolle Tipps zur Erfüllung der Hygienestandards.

Fortbildungen

Eine Konsequenz der Corona-Krise ist natürlich, dass Fortbildungen bundesweit nicht mehr stattfinden können und abgesagt wurden. Die Absage der entsprechenden Veranstaltungen gilt erst einmal bis Ostern, allerdings dürfen wir damit rechnen, dass Fortbildungen auch in den kommenden Monaten nur eingeschränkt stattfinden werden. Machen Sie sich hier nach dem 20. April 2020 auf den Internetseiten der Fortbildungsanbieter schlau. Vorher können auch diese keine Informationen über zukünftige Veranstaltungen geben, weil die Bundesregierung angekündigt hat erst zu diesem Zeitpunkt über weitere Maßnahmen zu entscheiden. Ähnliches gilt für Zusammenkünfte in Vereinen, insbesondere für Rehasport-Vereine. Auch hier müssen Zusammenkünfte bis auf weiteres abgesagt werden.

Hygienestandards, Haftungsfälle und die Versorgung mit Hygienemitteln

Derzeit haben viele Krankenhäuser große Probleme mit der Beschaffung von Desinfektionsmitteln oder Mundschutzen. Wenn es also bei der Primärversorgung schon schlecht gestellt ist um derart essentielle Produkte, wie sieht es dann erst bei den Heilberufen und anderen Praxen aus, also bei der Sekundärversorgung? Hier muss die Politik sicherlich in den nächsten Wochen handeln, um die grundlegende Versorgung sicherzustellen.

Therapeuten und ihre Mitarbeiter müssen gerade in den Zeiten der Corona-Krise peinlich genau auf die Einhaltung der sowieso gültigen Hygienemaßnahmen während des Patientenkontakts achten. Sollte es dann im Einzelfall dazu kommen, dass eine Behandlung tatsächlich aufgrund fehlender hygienischer Ausrüstung nicht vorgenommen werden kann, dokumentieren Sie die Vorgänge möglichst genau.

Beachten Sie auch, dass verschiedene Berufshaftpflichtversicherungen zuletzt darüber aufgeklärt haben, dass es sehr wichtig ist, die hygienischen Vorgaben einzuhalten, da die Versicherung bei einem Haftungsfall nicht zahlt, wenn nachgewiesen werden kann, dass die hygienischen Vorschriften nicht eingehalten wurden – Hier wird das Argument, es sei nun einmal keine Schutzkleidung oder auch Desinfektionsmittel mehr vorhanden gewesen, natürlich nicht zählen! Vielmehr liegt etwa bei der Infektion eines Patienten mit dem Corona-Virus zumindest grobe Fahrlässigkeit vor, wenn es zu einem Haftungsfall kommt. Dadurch wird die Versicherung frei von der Leistungspflicht. Tatsächlich muss aber bewiesen werden, dass die Infektion genau in dieser Praxis und wegen der mangelnden Hygiene stattfand. Dies dürfte schwierig zu beweisen sein.

Telemedizinische Leistungen

Für viele Bereiche in den Heilberufen ist es nun erstmals möglich, Videobehandlungen oder auch telefonische Behandlungen durchzuführen und mit den gesetzlichen Krankenkassen abzurechnen. Dies gilt auch nach Empfehlung der Krankenkassen zum Beispiel für die Stimm-, Sprech- und Sprachtherapie, die Ergotherapie, die Ernährungstherapie und bestimmte Bereiche der Physiotherapie. Bitte beachten Sie in diesem Zusammenhang, dass Sie die Behandlung in einem Raum durchführen, der ausreichend Privatsphäre bietet. Darüber hinaus müssen die Patienten einer solchen Behandlung natürlich vorab schriftlich zustimmen. Diese schriftliche Einwilligung und eine Datenschutzinformation müssen also vor einer telemedizinischen Behandlung vorliegen.

Notieren Sie für die Krankenkasse auf der Rückseite der jeweiligen ärztlichen Verordnung ein »V«, wenn Sie eine Videobehandlung durchgeführt haben, und ein »T«, falls Sie eine telefonische Behandlung durchgeführt haben. Es ist also auf die bereits dargestellten Empfehlungen der Kassenverbände zu verweisen.

Der Verband der Privaten Krankenversicherung hat im März 2020 klargestellt, dass auch bei Privatversicherten eine telemedizinische Behandlung denkbar ist. Die meisten Versicherungsverträge sehen keinen Ausschluss einer telemedizinischen Behandlung vor. Um später Ärger bei der Erstattung zu vermeiden, sollte sich ein Versicherter jedoch vor der Behandlung bei seiner Versicherung erkundigen, ob eine telemedizinische Behandlung erstattet wird und zu welchen Erstattungssätzen. Diese kann der Versicherte dann vor der Behandlung mit seinem Therapeuten besprechen, um für beide Seiten Klarheit zu schaffen und insbesondere für den Patienten zu klären, ob die Praxis nicht eventuell höhere Honorare abrechnet, als die Versicherung erstattet.

Am 2. April 2020 veröffentlichte der Verband der Privaten Krankenversicherung dazu folgende Informationen für Heilmittelerbringer:

> Die Möglichkeit für teletherapeutische Behandlungen im Bereich der Heilmittel ist – gerade in der gegenwärtig kritischen Phase der Corona-Pandemie – unter bestimmten Voraussetzungen ebenfalls möglich. In der PKV müssen die Heilmittel dafür ärztlich verordnet, medizinisch notwendig und einer telemedizinischen Anwendung zugänglich sein.
>
> Im Bereich der Physiotherapie können z.B. bestimmte Formen wie die klassische krankengymnastische Behandlung als Videobehandlung durchgeführt werden. Auch bei der Ergotherapie und der Logopädie (mit Ausnahme der Schlucktherapie) kommt eine Videobehandlung in Betracht. Dabei muss gewährleistet sein, dass die Therapeutin oder der Therapeut in Echtzeit permanent mit dem Patienten per Videostream verbunden ist – um Übungen vorzumachen, den Patenten anzuleiten oder zu korrigieren.

Selbstverständlich müssen für jede Form der telemedizinischen Behandlung die Vorgaben an den Datenschutz und die Datensicherheit sowie die vertrags- und haftungsrechtlichen Maßgaben einschließlich der zu beachtenden Qualitätsanforderungen an eine gewissenhafte Leistungserbringung erfüllt sein.

Eine wirksame Einwilligungserklärung könnte wir folgt aussehen:

Einwilligung in die Videobehandlung

In den aktuellen Empfehlungen hat der GKV-Spitzenverband die Abgabe von Heilmitteln im Wege der Telemedizin (Videobehandlung) für zulässig erklärt. Der Verband der privaten Krankenversicherung hat sich dem im Wesentlichen angeschlossen. Dies dient zum einen der Sicherung Ihrer Versorgung als auch der Gesunderhaltung unserer Mitarbeiter.

Die Videobehandlung erfordert die Verarbeitung folgender Datenkategorien durch unsere Praxis: Stammdaten (insbesondere: Name, Anschrift, Telefonnummer), Krankheitsdaten, Rechnungsdaten, Bild- und Audiodaten sowie Verbindungsdaten (ggf. IP-Adresse, Datum der Verbindung)

Die Verarbeitung der Daten erfolgt aufgrund Ihrer Einwilligung gemäß Art. 6 Abs. 1 lit. a DSGVO.

Empfänger Ihrer Daten ist der gewählte Videodienst, über welchen die Videobehandlung durchgeführt wird.

Ihre Daten werden hierbei nur soweit gespeichert, wie dies für die Durchführung der Videobehandlung (Übertragung) erforderlich ist. Dafür ist lediglich eine flüchtige Speicherung auf einem Empfangsgerät unserer Praxis, welche ein Bildwiedergabe ermöglicht, nötig.

Soweit es uns möglich ist, gewährleisten wir sowohl die Datensicherheit als auch einen störungsfreien Ablauf der Sitzungen.

In Bezug auf den gewählten Videodienst haben wir uns bemüht eine datenschutzrechtlich geprüfte und zertifizierte Variante gewählt zu haben, die sicherstellt, dass die Verbindung »Ende-zu-Ende« verschlüsselt, direkt und ohne Zwischenserver stattfindet. Sämtliche Inhalte der Behandlung dürfen durch den Videodienst weder gespeichert noch eingesehen werden oder einsehbar sein. Alle Metadaten müssen nach spätestens drei Monaten gelöscht werden und dürfen nur für die zur Durchführung der Videobehandlung notwendigen Abläufe genutzt werden.

Die einzelnen Videobehandlungen werden von uns ausschließlich in geschlossenen Räumen ausgeführt, um Ihre Privatsphäre zu gewährleisten. Alle zum Zeitpunkt der Behandlung anwesenden Personen werden Ihnen benannt.

Aufzeichnungen jeglicher Art sind während der Sitzungen für beide Seiten nicht gestattet.
Sie haben jederzeit die Möglichkeit diese Einwilligung ohne Angabe von Gründen bei uns zu widerrufen. Dies würde auch nicht zu einem Abbruch oder einer Ablehnung der Behandlung in unserer Praxis führen.

Ich willige hiermit in die Videobehandlung ein.

Ort, Datum, Unterschrift des Patienten oder eines Betreuers/Erziehungsberechtigten

Es muss dabei aber beachtet werden, dass diese Einwilligung in dieser konkreten Form nur Sinn macht, wenn der Patient bereits umfassend mit einer Datenschutzinformation seitens der Praxis über alle anderen datenschutzrechtlichen Belange aufgeklärt wurde.

Mitunter wird nun durch die Kassenverbände auch die Möglichkeit gegeben, dass Rehabilitationssport bzw. Funktionstraining als telemedizinische Leistung abgegeben wird.

Dazu wurde von den Kassenverbänden am 3. April 2020 folgendes veröffentlicht:

> Fortführung des Rehabilitationssports/Funktionstrainings als Tele-/Online-Angebot während der COVID-19-Pandemie durch die gesetzlichen Krankenkassen
>
> Um die örtlichen Strukturen des Rehabilitationssports und des Funktionstrainings langfristig zu erhalten und die Liquidität der Leistungserbringer zu sichern, werden die gesetzlichen Krankenkassen während der COVID-19-Pandemie bei Durchführung des Rehabilitationssports/Funktionstrainings in Form eines Tele-/Online-Angebotes ab sofort – ab 03.04.2020 – weiter als ergänzende Leistungen zur Rehabilitation finanzieren.
>
> Das Angebot stellt ein kontinuierliches Training sicher. Voraussetzung ist hierbei allerdings, dass sowohl die Teilnehmer/-innen als auch die Leistungserbringer die technischen Voraussetzungen der modernen Informations- und Kommunikationstechnologie nutzen können.
>
> Die Fortführung des Rehabilitationssports/Funktionstrainings in Form eines Tele-/Online-Angebotes stellt eine befristete Übergangsregelung während der COVID-19-Pandemie dar. Sofern nach Aufhebung der Kontaktbeschränkungen eine »normale« Durchführung der Übungsveranstaltungen wieder möglich ist, endet diese Übergangsregelung, spätestens mit Information durch die gesetzlichen Krankenkassen.

Hinweis: Die Durchführung von Rehabilitationssport in Herz-/Kinderherzgruppen ist wegen der fehlenden ärztlichen Betreuung und Überwachung in der Häuslichkeit ausgeschlossen.

1. Voraussetzungen für die Teilnahme

- Es liegen die ärztliche Verordnung (Muster 56) sowie die Kostenübernahmeerklärung der Krankenkasse vor, soweit nicht ein Genehmigungsverzicht von Seiten der Krankenkasse ausgesprochen bzw. mit den Leistungserbringern vereinbart wurde.
- Sofern neue Verordnungen ausgestellt werden, ist es erforderlich, dass der Leistungserbringer vor Beginn der ersten Online-Übungseinheit ein ausführliches telefonisches Gespräch mit dem Versicherten führt, um individuelle Besonderheiten und Einschränkungen zu klären.
- Die Teilnehmer/-innen verfügen über ein Endgerät, worüber die verwendete Online-Plattform funktioniert, und können dieses anwenden. Empfohlen wird eine WLAN Verbindung (Achtung Stolperfalle Kabel).
- Die Teilnehmer/-innen sind kognitiv in der Lage, ihre Bewegungsaufträge ohne taktile Reize umzusetzen.
- Die Teilnehmer/-innen sind nicht sturzgefährdet.

2. Durchführung und Qualitätssicherung durch den Leistungserbringer

- Es besteht eine gültige Anerkennung der Rehabilitationssport-/Funktionstrainingsgruppe, die nun als Tele-/Online-Angebot fortgeführt wird.
- Die Teilnehmerzahl je Gruppe beträgt max. 15 Teilnehmer/-innen, unabhängig von vorherigen Festlegungen im Rahmen des Anerkennungsverfahrens.

- Die Übungseinheiten werden regelmäßig zu den festgelegten Zeiten laut Anerkennung durchgeführt. Die Anzahl der wöchentlichen Übungseinheiten, die abgerechnet werden dürfen, richtet sich nach den Angaben in der ärztlichen Verordnung (Muster 56). Die Dauer beträgt 45 Minuten beim Rehabilitationssport, 30 Minuten beim Funktionstraining.
- Für die Übungsleitung gelten hinsichtlich der qualitativen Voraussetzungen die Ziff. 13 (Rehabilitationssport) bzw. Ziff. 14 (Funktionstraining) der Rahmenvereinbarung Rehabilitationssport und Funktionstraining vom 01.01.2011.
- Zum Beginn der Übungseinheit werden Sicherheitshinweise zur Durchführung von Gymnastik-Übungen zuhause (Sturzprävention u. a.) gegeben. Um Stürze zu vermeiden, werden entsprechende Übungsoptionen (z. B. für Stuhl/Hocker) angegeben.
- Die Übungsleitung kann die Übungen in Form eines »synchronen Unterrichts« im virtuellen Raum vormachen, erklären und ggfs. korrigierend eingreifen.
- Es werden nur Gymnastik-Übungen angeleitet, die für den häuslichen Kontext geeignet sind.
- Übungsvideos, die die Übungsleitung einspielen kann, sind durch qualifizierte Übungsleiter im Sinne der Rahmenvereinbarung erstellt.
- Die Übungsleitung dokumentiert die Anwesenheit pro Übungseinheit (Datum, Uhrzeit, besondere Vorkommnisse, Anzahl der Teilnehmer/-innen) mit dem Hinweis »Tele«. Diese Dokumentationsbögen sind bei Überprüfungen den Rehabilitationsträgern in Kopie zu übersenden.
- Es wird empfohlen, die Anwesenheit der Teilnehmer/-innen zusätzlich mit einem »Screenshot« der virtuellen Teilnehmer/-innen-Liste zu dokumentieren.

3. Datenschutz

- Der Datenschutz ist gemäß der DSGVO zu beachten.
- Die Teilnehmer/-innen sind über die geplante Verarbeitung personenbezogener Daten zu informieren.
- Eine schriftliche Einverständniserklärung der Teilnehmer/-innen zur Nutzung der Online-Plattform und zur Videoübertragung muss vorliegen.
- Die Online-Übungseinheit darf von keinem der Teilnehmer/-innen aufgezeichnet werden.
- Die Übungseinheit muss in Räumen stattfinden, die Privatsphäre bietet.

4. Abrechnungsverfahren

- Der vertraglich vereinbarte Vergütungssatz kann abgerechnet werden.
- Der Teilnahmenachweis durch die Teilnehmer/-innen erfolgt per Unterschrift auf der Teilnahmebestätigung. Die Unterschrift kann nachträglich erbracht werden. Die Teilnahme ist mit einem »T« oder »Tele« hinter dem Datum zu kennzeichnen.

5. Anerkennungsverfahren

- Die Durchführung erfolgt ausschließlich für bereits anerkannte Gruppen. Eine zeitliche Verschiebung von Beginn-Zeiten bestehender, bereits anerkannter Gruppen ist dabei zulässig.
- Die anerkennende Stelle prüft in ihrem Zuständigkeitsbereich die Anträge der Leistungserbringer im Rahmen eines vereinfachten Verfahrens. Der Antrag gilt dabei für alle Gruppen des anerkannten Leistungserbringers.
- Bei der Anerkennung werden insbesondere die zu nutzenden Technologie/Software-Programme und

die Maßnahmen zum Datenschutz (u. a. Einverständniserklärung der Teilnehmer/-innen) geprüft.

- Eine Überprüfung der ordnungsgemäßen Durchführung des Rehabilitationssports bzw. Funktionstrainings ist den anerkennenden Stellen möglich.
- Die anerkennende Stelle erstellt eine Liste der Leistungserbringer, die für die Durchführung des Tele-/Online-Angebots anerkannt sind. Auf Anforderung übermittelt die anerkennende Stelle diese Übersicht den gesetzlichen Krankenkassen.

6. Sonstiges

Hinsichtlich der abzuschließenden pauschalen Unfallversicherung (Ziff. 17.2 der o.g. Rahmenvereinbarung) ist durch den Leistungserbringer sicherzustellen, dass das versicherte Risiko auch die Teilnahme im häuslichen Bereich abdeckt.

Durch das Tele-/Online-Angebot entstehen den gesetzlichen Krankenkassen und ihren Versicherten keine zusätzlichen Kosten. Die technische Ausstattung der Versicherten bzw. der Leistungserbringer wird von den Krankenkassen nicht gestellt und nicht finanziert.

Sofern eine Behandlung in Form der Videobehandlung durchgeführt werden soll und dafür seitens der Praxis ein Smartphone genutzt wird, darf es sich dabei nur um ein Smartphone handeln, welches möglichst keine Daten beinhaltet. Insbesondere Rufnummern sollten darin nicht gespeichert sein. Es sollte nur die Software (z.B. WhatsApp, Skype oder Zoom), welche zur Videobehandlung genutzt wird, auf dem Smartphone installiert sein und das Telefon sollte nur für die Videobehandlung genutzt werden. Es empfiehlt sich der Einsatz einer Prepaid-Karte.

Finanzielle Hilfen und Entschädigungszahlungen

Viele Praxen stehen angesichts von Terminabsagen, vielleicht drohender oder sogar schon angewiesener Schließung vor großen finanziellen Verlusten. So müssen Mieten, Personalgehälter und andere regelmäßige Ausgaben natürlich weiter bezahlt werden, und selbst, wenn man beispielsweise seine Mitarbeiter schon in Kurzarbeit schicken musste, ist dies in den meisten Fällen nur der sprichwörtliche Tropfen auf den heißen Stein.

Für viele Branchen und Wirtschaftszweige haben die Bundesregierung und auch einzelne Bundesländer in den vergangenen Tagen und Wochen umfangreiche Hilfspakete bewilligt, die teils bereits in Anspruch genommen werden können. Hierbei handelt es sich in aller Regel um kurzfristige finanzielle Zuschüsse in Form von Einmalzahlungen oder aber zinsgünstigen Krediten. Die derzeitige Krise wird irgendwann einmal vorbei sein, und dann müssen natürlich die wirtschaftlichen Rahmenbedingungen gegeben sein, so schnell wie möglich zur Normalität zurückzukehren. Für die Heilberufe entscheidend sind dabei neben den erwähnten staatlichen Zuschüssen und Förderprogrammen auch die entsprechenden Bestimmungen im Infektionsschutzgesetz. Dieses Gesetz soll deshalb im Folgenden ausführlich thematisiert werden.

Entschädigungszahlungen nach dem Infektionsschutzgesetz

Seit Beginn der Corona-Krise wird die Diskussion um die Schließung von Praxen unter Therapeuten teils hitzig geführt: Denjenigen, die die Politik bitten, die Praxen der Heilmittelerbringer nun per Gesetz flächendeckend zu schließen, stehen die Therapeuten gegenüber, die das genaue Gegenteil verlangen, da sie ihre Patienten weiterbehandeln wollen. Ein gewichtiges Argument, das von Befürwortern flächendeckender Schließungen oft vorgebracht wird, ist die Gefahr der Selbstansteckung, eine Gefahr, die aufgrund der mangelnden Versorgung mit geeigneter Schutzausrüstung, so das Argument, noch verstärkt wird. Dies ist ein absolut verständliches Argument, gerade in Anbetracht der Probleme, angemessene Hygienestandards im täglichen Praxisbetrieb einzuhalten.

Ich möchte an dieser Stelle ganz deutlich klarstellen, dass auch eine gesetzlich vorgeschriebene Schließung von Praxen weitreichende Konsequenzen hätte, und dass es gar nicht im Interesse der Heilberufe sein kann, dass eine ebensolche Regelung erlassen wird. Dies gründet sich im für die jetzige Situation maßgeblichen Gesetz zur Verhütung und Bekämpfung von Infektionskrankheiten beim Menschen, kurz Infektionsschutzgesetz. Aus diesem Gesetz, genauer aus den §§ 31 und 56, geht eindeutig hervor, dass es für Praxen keine finanzielle Entschädigung gibt, wenn Praxen etwa eigenmächtig oder auch aufgrund einer allgemeinen gesetzlichen Verfügung geschlossen werden. Entschädigungen sieht das Infektionsschutzgesetz nur dann vor, wenn die Schließung einer Praxis aufgrund eines konkreten Infektionsfalls behördlich angeordnet wurde.

Die Bestimmungen in den §§ 28, 31 und 56 IfSG

Im Internet kursieren viele Gerüchte rund um das Infektionsschutzgesetz, insbesondere um die für die Heilberufe in der jetzigen Situation zentralen §§ 28, 31 und 56, die im Folgenden auch ungekürzt wiedergegeben werden. Ich habe viele unzureichende Interpretationen dieses Gesetzes gesehen, die allem Anschein nach ohne rechtskundigen Rat veröffentlicht und verbreitet werden. Es gilt also, mit einigen Irrtümern aufzuräumen, da das Infektionsschutzgesetz bei juristisch genauer Betrachtung einige Konsequenzen nach sich zieht, die für diejenigen Praxisinhaber, die die Schließung fordern oder sogar aus eigenem Antrieb geschlossen haben, schwer zu verkraften sein dürften.

Wichtig für die Heilberufe ist zunächst § 28 des Infektionsschutzgesetzes. Dieser regelt Schutzmaßnahmen und die Kompetenzen der Behörden bezüglich Schließungen und Quarantänemaßnahmen.

In § 56, Absatz 1 des Infektionsschutzgesetzes heißt es dann:

> Wer auf Grund dieses Gesetzes als Ausscheider, Ansteckungsverdächtiger, Krankheitsverdächtiger oder als sonstiger Träger von Krankheitserregern im Sinne von § 31 Satz 2 Verboten in der Ausübung seiner bisherigen Erwerbstätigkeit unterliegt oder unterworfen wird und dadurch einen Verdienstausfall erleidet, erhält eine Entschädigung in Geld.

Dies bedeutet nicht, dass Therapeuten bei einer Praxisschließung per se eine Entschädigung vom Staat erhalten. Zentral ist hier der Verweis auf den § 31, der das berufliche Tätigkeitsverbot im Falle einer Epidemie regelt:

Die zuständige Behörde kann Kranken, Krankheitsverdächtigen, Ansteckungsverdächtigen und Ausscheidern die Ausübung bestimmter beruflicher Tätigkeiten ganz oder teilweise untersagen. Satz 1 gilt auch für sonstige Personen, die Krankheitserreger so in oder an sich tragen, dass im Einzelfall die Gefahr einer Weiterverbreitung besteht.

Wer seinen Betrieb also eigenmächtig schließt, etwa weil man sich der aktuellen Situation nicht aussetzen will, oder wer schließen muss, weil es einen entsprechenden Erlass etwa des Bundeslands oder der Stadt gibt, hat nicht automatisch Anspruch auf Entschädigung nach dem Infektionsschutzgesetz! Die Vorstellung eines »Aussitzen« der Krise mit anschließender finanzieller Rehabilitation ist also vollkommen falsch.

Die §§ 31 und 56 regeln hingegen eindeutig, wann eine Entschädigung nach dem Infektionsschutzgesetzes zu zahlen ist, dann nämlich, wenn in der geschlossenen Praxis ein Infektionsfall aufgetreten ist und die Praxis daraufhin aufgrund dieses Infektionsfalls behördlich geschlossen wurde. Es geht also um konkrete Fälle, nicht um allgemeine (prophylaktische) Praxen-Schließungen.

Paragraph 28 des Infektionsschutzgesetzes

§ 28 Schutzmaßnahmen

(1) Werden Kranke, Krankheitsverdächtige, Ansteckungsverdächtige oder Ausscheider festgestellt oder ergibt sich, dass ein Verstorbener krank, krankheitsverdächtig oder Ausscheider war, so trifft die zuständige Behörde die notwendigen Schutzmaßnahmen,

insbesondere die in den §§ 29 bis 31 genannten, soweit und solange es zur Verhinderung der Verbreitung übertragbarer Krankheiten erforderlich ist. Unter den Voraussetzungen von Satz 1 kann die zuständige Behörde Veranstaltungen oder sonstige Ansammlungen einer größeren Anzahl von Menschen beschränken oder verbieten und Badeanstalten oder in § 33 genannte Gemeinschaftseinrichtungen oder Teile davon schließen; sie kann auch Personen verpflichten, den Ort, an dem sie sich befinden, nicht zu verlassen oder von ihr bestimmte Orte nicht zu betreten, bis die notwendigen Schutzmaßnahmen durchgeführt worden sind. Eine Heilbehandlung darf nicht angeordnet werden. Die Grundrechte der Freiheit der Person (Artikel 2 Abs. 2 Satz 2 Grundgesetz), der Versammlungsfreiheit (Artikel 8 Grundgesetz) und der Unverletzlichkeit der Wohnung (Artikel 13 Abs. 1 Grundgesetz) werden insoweit eingeschränkt.

(2) Wird festgestellt, dass eine Person in einer Gemeinschaftseinrichtung an Masern erkrankt, dessen verdächtig oder ansteckungsverdächtig ist, kann die zuständige Behörde Personen, die weder einen Impfschutz, der den Empfehlungen der Ständigen Impfkommission entspricht, noch eine Immunität gegen Masern durch ärztliches Zeugnis nachweisen können, die in § 34 Absatz 1 Satz 1 und 2 genannten Verbote erteilen, bis eine Weiterverbreitung der Krankheit in der Gemeinschaftseinrichtung nicht mehr zu befürchten ist.

(3) Für Maßnahmen nach den Absätzen 1 und 2 gilt § 16 Abs. 5 bis 8, für ihre Überwachung außerdem § 16 Abs. 2 entsprechend.

Paragraph 31 des Infektionsschutzgesetzes

§ 31 Berufliches Tätigkeitsverbot

Die zuständige Behörde kann Kranken, Krankheitsverdächtigen, Ansteckungsverdächtigen und Ausscheidern die Ausübung bestimmter beruflicher Tätigkeiten ganz oder teilweise untersagen. Satz 1 gilt auch für sonstige Personen, die Krankheitserreger so in oder an sich tragen, dass im Einzelfall die Gefahr einer Weiterverbreitung besteht.

Paragraph 56 des Infektionsschutzgesetzes

§ 56 Entschädigung

(1) Wer auf Grund dieses Gesetzes als Ausscheider, Ansteckungsverdächtiger, Krankheitsverdächtiger oder als sonstiger Träger von Krankheitserregern im Sinne von § 31 Satz 2 Verboten in der Ausübung seiner bisherigen Erwerbstätigkeit unterliegt oder unterworfen wird und dadurch einen Verdienstausfall erleidet, erhält eine Entschädigung in Geld. Das Gleiche gilt für Personen, die als Ausscheider oder Ansteckungsverdächtige abgesondert wurden oder werden, bei Ausscheidern jedoch nur, wenn sie andere Schutzmaßnahmen nicht befolgen können. Eine Entschädigung nach den Sätzen 1 und 2 erhält nicht, wer durch Inanspruchnahme einer Schutzimpfung oder anderen Maßnahme der spezifischen Prophylaxe, die gesetzlich vorgeschrieben ist oder im Bereich des gewöhnlichen Aufenthaltsorts des Betroffenen öffentlich empfohlen wurde, ein Verbot in der Ausübung seiner bisherigen Tätigkeit oder eine Absonderung hätte vermeiden können.

(2) Die Entschädigung bemisst sich nach dem Verdienstausfall. Für die ersten sechs Wochen wird sie in

Höhe des Verdienstausfalls gewährt. Vom Beginn der siebenten Woche an wird sie in Höhe des Krankengeldes nach § 47 Abs. 1 des Fünften Buches Sozialgesetzbuch gewährt, soweit der Verdienstausfall die für die gesetzliche Krankenversicherungspflicht maßgebende Jahresarbeitsentgeltgrenze nicht übersteigt.

(3) Als Verdienstausfall gilt das Arbeitsentgelt (§ 14 des Vierten Buches Sozialgesetzbuch), das dem Arbeitnehmer bei der für ihn maßgebenden regelmäßigen Arbeitszeit nach Abzug der Steuern und der Beiträge zur Sozialversicherung und zur Arbeitsförderung oder entsprechenden Aufwendungen zur sozialen Sicherung in angemessenem Umfang zusteht (Netto-Arbeitsentgelt). Der Betrag erhöht sich um das Kurzarbeitergeld und um das Zuschuss-Wintergeld, auf das der Arbeitnehmer Anspruch hätte, wenn er nicht aus den in Absatz 1 genannten Gründen an der Arbeitsleistung verhindert wäre. Verbleibt dem Arbeitnehmer nach Einstellung der verbotenen Tätigkeit oder bei Absonderung ein Teil des bisherigen Arbeitsentgelts, so gilt als Verdienstausfall der Unterschiedsbetrag zwischen dem in Satz 1 genannten Netto-Arbeitsentgelt und dem in dem auf die Einstellung der verbotenen Tätigkeit oder der Absonderung folgenden Kalendermonat erzielten Netto-Arbeitsentgelt aus dem bisherigen Arbeitsverhältnis. Die Sätze 1 und 3 gelten für die Berechnung des Verdienstausfalls bei den in Heimarbeit Beschäftigten und bei Selbständigen entsprechend mit der Maßgabe, dass bei den in Heimarbeit Beschäftigten das im Durchschnitt des letzten Jahres vor Einstellung der verbotenen Tätigkeit oder vor der Absonderung verdiente monatliche Arbeitsentgelt und bei Selbständigen ein Zwölftel des Arbeitseinkommens (§ 15 des Vierten Buches Sozialgesetzbuch) aus der entschädigungspflichtigen Tätigkeit zugrunde zu legen ist.

(4) Bei einer Existenzgefährdung können den Entschädigungsberechtigten die während der Verdienstausfall-

zeiten entstehenden Mehraufwendungen auf Antrag in angemessenem Umfang von der zuständigen Behörde erstattet werden. Selbständige, deren Betrieb oder Praxis während der Dauer einer Maßnahme nach Absatz 1 ruht, erhalten neben der Entschädigung nach den Absätzen 2 und 3 auf Antrag von der zuständigen Behörde Ersatz der in dieser Zeit weiterlaufenden nicht gedeckten Betriebsausgaben in angemessenem Umfang.

(5) Bei Arbeitnehmern hat der Arbeitgeber für die Dauer des Arbeitsverhältnisses, längstens für sechs Wochen, die Entschädigung für die zuständige Behörde auszuzahlen. Die ausgezahlten Beträge werden dem Arbeitgeber auf Antrag von der zuständigen Behörde erstattet. Im Übrigen wird die Entschädigung von der zuständigen Behörde auf Antrag gewährt.

(6) Bei Arbeitnehmern richtet sich die Fälligkeit der Entschädigungsleistungen nach der Fälligkeit des aus der bisherigen Tätigkeit erzielten Arbeitsentgelts. Bei sonstigen Entschädigungsberechtigten ist die Entschädigung jeweils zum Ersten eines Monats für den abgelaufenen Monat zu gewähren.

(7) Wird der Entschädigungsberechtigte arbeitsunfähig, so bleibt der Entschädigungsanspruch in Höhe des Betrages, der bei Eintritt der Arbeitsunfähigkeit an den Berechtigten auszuzahlen war, bestehen. Ansprüche, die Berechtigten nach Absatz 1 Satz 2 wegen des durch die Arbeitsunfähigkeit bedingten Verdienstausfalls auf Grund anderer gesetzlicher Vorschriften oder eines privaten Versicherungsverhältnisses zustehen, gehen insoweit auf das entschädigungspflichtige Land über.

(8) Auf die Entschädigung sind anzurechnen

1. Zuschüsse des Arbeitgebers, soweit sie zusammen mit der Entschädigung den tatsächlichen Verdienstausfall übersteigen,

2. das Netto-Arbeitsentgelt und das Arbeitseinkommen nach Absatz 3 aus einer Tätigkeit, die als Ersatz der verbotenen Tätigkeit ausgeübt wird, soweit es zusammen mit der Entschädigung den tatsächlichen Verdienstausfall übersteigt,

3. der Wert desjenigen, das der Entschädigungsberechtigte durch Ausübung einer anderen als der verbotenen Tätigkeit zu erwerben böswillig unterlässt, soweit es zusammen mit der Entschädigung den tatsächlichen Verdienstausfall übersteigt,

4. das Arbeitslosengeld in der Höhe, in der diese Leistung dem Entschädigungsberechtigten ohne Anwendung der Vorschriften über das Ruhen des Anspruchs auf Arbeitslosengeld bei Sperrzeit nach dem Dritten Buch Sozialgesetzbuch sowie des § 66 des Ersten Buches Sozialgesetzbuch in der jeweils geltenden Fassung hätten gewährt werden müssen. Liegen die Voraussetzungen für eine Anrechnung sowohl nach Nummer 3 als auch nach Nummer 4 vor, so ist der höhere Betrag anzurechnen.

(9) Der Anspruch auf Entschädigung geht insoweit, als dem Entschädigungsberechtigten Arbeitslosengeld oder Kurzarbeitergeld für die gleiche Zeit zu gewähren ist, auf die Bundesagentur für Arbeit über.

(10) Ein auf anderen gesetzlichen Vorschriften beruhender Anspruch auf Ersatz des Verdienstausfalls, der dem Entschädigungsberechtigten durch das Verbot der Ausübung seiner Erwerbstätigkeit oder durch die Absonderung erwachsen ist, geht insoweit auf das zur Gewährung der Entschädigung verpflichtete Land über, als dieses dem Entschädigungsberechtigten nach diesem Gesetz Leistungen zu gewähren hat.

(11) Die Anträge nach Absatz 5 sind innerhalb einer Frist von drei Monaten nach Einstellung der verbotenen Tätigkeit oder dem Ende der Absonderung bei der zuständigen Behörde zu stellen. Dem Antrag ist von Arbeitnehmern eine Bescheinigung des Arbeitgebers und von den in Heimarbeit Beschäftigten eine Bescheinigung des Auftraggebers über die Höhe des in dem nach Absatz 3 für sie maßgeblichen Zeitraum verdienten Arbeitsentgelts und der gesetzlichen Abzüge, von Selbständigen eine Bescheinigung des Finanzamtes über die Höhe des letzten beim Finanzamt nachgewiesenen Arbeitseinkommens beizufügen. Ist ein solches Arbeitseinkommen noch nicht nachgewiesen oder ist ein Unterschiedsbetrag nach Absatz 3 zu errechnen, so kann die zuständige Behörde die Vorlage anderer oder weiterer Nachweise verlangen.

(12) Die zuständige Behörde hat auf Antrag dem Arbeitgeber einen Vorschuss in der voraussichtlichen Höhe des Erstattungsbetrages, den in Heimarbeit Beschäftigten und Selbständigen in der voraussichtlichen Höhe der Entschädigung zu gewähren.

Finanzielle Zuschüsse und Kreditangebote

Ob es einen Rettungsschirm für die Heilmittelbranche geben wird, ist momentan ungewiss. Daher sind Praxisinhaber derzeit jedenfalls angehalten, die derzeitigen Möglichkeiten der finanziellen Hilfen zu nutzen. Dafür bieten in allen Bundesländern die entsprechenden Stellen eine Vielzahl von Informationen an und meist lassen sich dort auch direkt online Anträge stellen.

Um Anträge zu begründen und später eventuell nochmals rechtfertigen zu können bietet es sich übrigens an, den Ausfall von Terminen oder Aufträgen möglichst genau zu dokumentieren und diese Aufzeichnungen mindestens zehn Jahre aufzubewahren.

Subventionsbetrug

Alle Praxisinhaber sollten jedoch sicher sein, dass vor der Beantragung die Regelungen der Förderungen eingehalten werden. Sofern falsche Angaben getätigt werden, ist man schnell beim Subventionsbetrug. Das Strafgesetzbuch sagt dazu Folgendes:

> § 264 StGB – Subventionsbetrug
>
> (1) Mit Freiheitsstrafe bis zu fünf Jahren oder mit Geldstrafe wird bestraft, wer
> 1.
> einer für die Bewilligung einer Subvention zuständigen Behörde oder einer anderen in das Subventionsverfahren eingeschalteten Stelle oder Person (Subventionsgeber) über subventionserhebliche Tatsachen für sich oder einen anderen unrichtige oder unvollständige Angaben macht, die für ihn oder den anderen vorteilhaft sind,
> 2.
> einen Gegenstand oder eine Geldleistung, deren Verwendung durch Rechtsvorschriften oder durch den Subventionsgeber im Hinblick auf eine Subvention beschränkt ist, entgegen der Verwendungsbeschränkung verwendet,
> 3.
> den Subventionsgeber entgegen den Rechtsvorschriften über die Subventionsvergabe über subventionserhebliche Tatsachen in Unkenntnis lässt oder
> 4.
> in einem Subventionsverfahren eine durch unrichtige oder unvollständige Angaben erlangte Bescheinigung

über eine Subventionsberechtigung oder über subventionserhebliche Tatsachen gebraucht.

(2) In besonders schweren Fällen ist die Strafe Freiheitsstrafe von sechs Monaten bis zu zehn Jahren. Ein besonders schwerer Fall liegt in der Regel vor, wenn der Täter

1.
aus grobem Eigennutz oder unter Verwendung nachgemachter oder verfälschter Belege für sich oder einen anderen eine nicht gerechtfertigte Subvention großen Ausmaßes erlangt,

2.
seine Befugnisse oder seine Stellung als Amtsträger oder Europäischer Amtsträger missbraucht oder

3.
die Mithilfe eines Amtsträgers oder Europäischen Amtsträgers ausnutzt, der seine Befugnisse oder seine Stellung missbraucht.

(3) § 263 Abs. 5 gilt entsprechend.

(4) In den Fällen des Absatzes 1 Nummer 2 ist der Versuch strafbar.

(5) Wer in den Fällen des Absatzes 1 Nr. 1 bis 3 leichtfertig handelt, wird mit Freiheitsstrafe bis zu drei Jahren oder mit Geldstrafe bestraft.

(6) Nach den Absätzen 1 und 5 wird nicht bestraft, wer freiwillig verhindert, dass auf Grund der Tat die Subvention gewährt wird. Wird die Subvention ohne Zutun des Täters nicht gewährt, so wird er straflos, wenn er sich freiwillig und ernsthaft bemüht, das Gewähren der Subvention zu verhindern.

(7) Neben einer Freiheitsstrafe von mindestens einem Jahr wegen einer Straftat nach den Absätzen 1 bis 3 kann das Gericht die Fähigkeit, öffentliche Ämter zu

bekleiden, und die Fähigkeit, Rechte aus öffentlichen Wahlen zu erlangen, aberkennen (§ 45 Abs. 2). Gegenstände, auf die sich die Tat bezieht, können eingezogen werden; § 74a ist anzuwenden.

(8) Subvention im Sinne dieser Vorschrift ist

1.

eine Leistung aus öffentlichen Mitteln nach Bundes- oder Landesrecht an Betriebe oder Unternehmen, die wenigstens zum Teil

a)

ohne marktmäßige Gegenleistung gewährt wird und

b)

der Förderung der Wirtschaft dienen soll;

2.

eine Leistung aus öffentlichen Mitteln nach dem Recht der Europäischen Union, die wenigstens zum Teil ohne marktmäßige Gegenleistung gewährt wird.

Betrieb oder Unternehmen im Sinne des Satzes 1 Nr. 1 ist auch das öffentliche Unternehmen.

(9) Subventionserheblich im Sinne des Absatzes 1 sind Tatsachen,

1.

die durch Gesetz oder auf Grund eines Gesetzes von dem Subventionsgeber als subventionserheblich bezeichnet sind oder

2.

von denen die Bewilligung, Gewährung, Rückforderung, Weitergewährung oder das Belassen einer Subvention oder eines Subventionsvorteils gesetzlich oder nach dem Subventionsvertrag abhängig ist.

Die Verwirklichung des Tatbestands des § 264 StGB geht häufig einher mit der Verwirklichung des § 156 StGB. Dieser besagt:

§ 156 StGB – Falsche Versicherung an Eides Statt

> Wer vor einer zur Abnahme einer Versicherung an Eides Statt zuständigen Behörde eine solche Versicherung falsch abgibt oder unter Berufung auf eine solche Versicherung falsch aussagt, wird mit Freiheitsstrafe bis zu drei Jahren oder mit Geldstrafe bestraft.

Stellen Sie also auf keinen Fall leichtfertig Soforthilfe- oder Förderungsanträge. Machen Sie sich mit den Voraussetzungen genau bekannt. Ich gehe jedenfalls davon aus, dass nach der Gewährung der Hilfen erhebliche Kontrollen stattfinden und sich dann auch eine Vielzahl von Strafverfahren anschließen werden. Die Behörden haben es wegen der Eilbedürftigkeit meist ermöglicht, sehr einfach an das Fördergeld zu kommen. Dies geht selbstverständlich mit einer späteren Kontrollwahrscheinlichkeit einher. Denken Sie nur an die vielen Mitarbeiter, welche nun die Anträge schnell bearbeiten sollen. Nach der Beendigung der Antragsphase (derzeit ist der 31.05.2020 geplant) müssen diese schließlich auch mit Arbeit versorgt werden.

Grundwissen zu Hygiene in Heilmittelpraxen

Falls Sie sich mit den Grundzügen der Hygiene einmal auseinander setzen wollen, möchte ich Ihnen die folgenden Ausführungen empfehlen.

Einführung

Regelungen zur Hygiene fallen in die Zuständigkeit der Bundesländer. Dementsprechend bestehen in den verschiedenen Bundesländern unterschiedliche Hygieneverordnungen. Dabei unterscheidet sich üblicherweise der Text der verschiedenen Hygieneverordnungen, nicht jedoch deren tatsächlicher Inhalt. Das Thema der Hygiene wird in vielen Praxen vernachlässigt, weshalb Gesundheitsämter immer häufiger Kontrollen durchführen. Diese sind nämlich als Aufsichtsbehörden der therapeutischen Praxen für die Kontrolle der hygienischen Standards zuständig. Dabei werden regelmäßig bereits Verstöße gegen Grundregeln entdeckt, welche zum einen für den Praxisinhaber, allerdings auch für die Mitarbeiter, empfindliche Strafen zur Folge haben können. Nach der Corona-Krise ist mit noch mehr Überprüfungen zu rechnen.

Nun auf einzelne Hygieneverordnungen einzugehen, würde nicht sonderlich praxisorientiert sein, weshalb vielmehr Gegenstand der hiesigen Darstellung die praktischen Anforderungen sein sollen, deren Einhaltung üblicherweise von Gesundheitsämtern erwartet werden kann und auch erwartet wird. Dabei lässt sich nicht abstreiten, dass einzelne Gesundheitsämter unterschiedlich streng sind, weshalb die nachfolgenden Darstellungen auf den Erfahrungen aus einer Vielzahl von Auseinandersetzungen mit Gesundheitsbehörden resultieren und einen Überblick verschaffen sollen, was im Regelfall tatsächlich gefordert wird und werden kann.

Es sollte mithin nicht außer Acht gelassen werden, dass es fünf Kernaspekte der Hygiene gibt, welche wie folgt benannt werden können: Verantwortung, Vertrauen, Teamwork, Existenz und Schutz von Menschen.

So liegt die Verantwortung für die Einhaltung der Hygienevorschriften zum einen beim Praxisinhaber wie auch bei den Mitarbeitern. Das höchste Gut, über welches eine Praxis verfügt, ist das Vertrauen der Patienten. Dieses gilt es aufzubauen, zu erhalten und vielleicht sogar auszubauen. Die Regelungen der Hygiene können wie viele andere wesentliche Dinge in der Praxis nur durch Teamwork erreicht werden. So kann das Hygieneniveau einer Praxis nur möglichst hoch gehalten werden, wenn alle Mitarbeiter sich an wesentliche Regelungen halten. Die Einhaltung der Vorschriften sichert letztlich die Existenz der Praxis und somit die des Praxisinhabers wie auch der Mitarbeiter. Zudem geht es um den Schutz von Menschen, also zum einen den Patienten wie auch den Mitarbeitern des Betriebes, deren Gesundheit durch die Einhaltung von hygienischen Vorschriften möglichst sichergestellt werden soll. Folglich sollte für jeden ersichtlich sein, dass die Einhaltung von Hygienevorschriften für den erfolgreichen Betrieb einer Praxis unerlässlich ist.

Bereiche der Hygiene

Nunmehr sollen verschiedene Bereiche der Hygiene gesondert dargestellt werden. Es folgen also differenzierte Darstellungen zu der Hygiene im Wartezimmer, in Behandlungsräumen, in Sanitärräumen und in Lagerräumen. Darüber hinaus erfolgt eine Darstellung in Bezug auf Fußböden, Inventar, Spielzeug und Handwaschbecken.

Wartezimmer

Die Garderobe in einem Wartezimmer muss ausreichend dimensioniert sein. Mäntel und Jacken sollten nicht übereinander hängen. Deshalb müssen ausreichend Kleiderbügel an der Garderobe vorhanden sein. Eine Garderobe mit Kleiderhacken dürfte aus hygienischen Gründen nicht mehr akzeptabel sein, weil so insbesondere feuchte oder nasse Kleiderstücke nicht abtrocknen können.

Darüber hinaus muss ein Ständer für Regenschirme vorhanden sein.

Behandlungsräume

In jedem Behandlungsraum muss entweder ein Waschbecken oder ein Desinfektionsmittelspender vorhanden sein. Der Desinfektionsmittelspender muss dabei fest an der Wand angebracht sein.

Sofern innerhalb des Behandlungsraums kein Waschbecken vorhanden ist, muss dieses bei Verlassen des Behandlungsraums zu erreichen sein, ohne dass eine weitere Türe passiert werden muss. Sofern der Behandlungsraum über eine Türe versperrt ist, ist dies insoweit in Ordnung. Allerdings muss der Therapeut ein Waschbecken erreichen können, wenn er eben die Türe des Behandlungsraums geöffnet hat. Es ist dementsprechend nicht zulässig, dass dieser beispielsweise erst ein Waschbecken in einem Sanitärbereich antrifft und eine Tür zum Sanitärbereich erst öffnen muss.

Pflanzen in Behandlungszimmern sind nicht zu empfehlen. Dies liegt insbesondere daran, dass diese anfällig sind für Schimmel. Derartiger Schimmel darf nämlich auf keinen Fall vorhanden sein. Sollten also natürliche Pflanzen in Behandlungszimmern vorhanden sein, ist darauf zu achten, dass sich diese in einem gesunden Zustand befinden, nicht eine Wirkung auf Patienten haben, welche gesundheitsgefährdend ist und insbesondere nicht von Schimmel befallen sind.

Behandlungsliegen und -stühle müssen desinfiziert werden können. Deshalb dürfen Behandlungsliegen und auch Lagerungsmittel auf keinen Fall Risse aufweisen. Sollten die Bezüge von Liegen oder von Lagerungsmitteln – wie Keile und Rollen – Risse aufweisen, dürfen diese auf keinen Fall mehr Verwendung finden und müssen repariert oder ausgetauscht werden.

Auf Behandlungsliegen und -stühlen müssen Laken oder Einmalabdeckungen genutzt werden. Dabei sind Laken und auch die Einmalabdeckung nach jeder Behandlung eines Patienten zu wechseln, sofern Hautkontakt mit den Laken oder Einmalabdeckungen bestanden hat. Sollte also der Patient beispielsweise auf einem Handtuch gelegen haben, welches dann wiederum auf das Laken gelegt wurde, könnte das Laken auf der Behandlungsliege verbleiben, sofern tatsächlich ein frisches Handtuch benutzt worden ist und der Patient keinen Hautkontakt mit dem Laken hatte. Im Regelfall dürfte dies schwerlich zu bewerkstelligen sein.

Übliche Gardinen aus Stoff sind nicht gestattet. Vielmehr sind glatte, vertikale Lamellen für den Sichtschutz zu nutzen oder beispielsweise Milchglasfolie an den Scheiben. Trennwände zwischen Behandlungsräumen und Vorhänge zwischen Räumen oder am Ausgang einer Behandlungskabine müssen abwischbar oder waschbar sein.

Sanitärräume

Es sollten getrennte Sanitärräume für Personal und Patienten vorhanden sein. Teilweise existieren in Verträgen mit Krankenkassen noch strengere Regeln, sodass nicht nur getrennte Sanitärräume für Personal und Patienten vorhanden sein sollen, sondern dass diese vorhanden sein müssen.

In Sanitärräumen muss ein Waschbecken vorhanden sein. Darüber hinaus müssen Einmalhandtücher zur Verfügung stehen. Manche Gesundheitsämter haben auch keine Bedenken dagegen, dass Stoffhandtücher genutzt werden, welche nach dem einmaligen Gebrauch durch einen Patienten in ein dafür zur Verfügung gestelltes Gefäß geworfen werden können und dann wieder gewaschen werden. Die mehrfache Nutzung von Handtüchern oder das Aufhängen eines Handtuches zur mehrfachen Nutzung ist im Sanitärbereich auf keinen Fall gestattet.

Fußböden

Fußböden und Wände müssen feucht abwischbar und fugendicht sein. Es dürfen sich also insbesondere in den Fugen keine Gegenstände oder Dreck sammeln können, weil dies zu hygienischen Problemen führen könnte.

In Behandlungsbereichen dürfen keine Teppichböden vorhanden sein. Hier könnte nur im absoluten Ausnahmefall die Nutzung eines Teppichbodens denkbar sein, wenn dieser täglich professionell gereinigt und desinfiziert wird, was jedoch aus Kostengründen schwerlich umsetzbar sein dürfte.

Inventar

Jegliches Inventar, welches innerhalb der Praxis Kontakt zu Personal und Patienten hat, muss glatt und abwischbar sein. Sofern Holzmöbel verwendet werden, müssen diese über eine desinfektionsmittelbeständige Lackierung verfügen. Sofern bei Holzmöbeln Medizinprodukte verwendet werden, was ohnehin ratsam ist, verfügen diese üblicherweise über eine Oberfläche, welche regelmäßig desinfiziert werden kann. Bei Möbeln, welche nicht als Medizinprodukte ausgelegt sind, würde eine regelmäßige Desinfektion aller Voraussicht nach die Möbel zeitnah schädigen und unbrauchbar machen.

Frische Laken, Handtücher und Verbrauchsmaterialien dürfen nicht in offenen Schränken oder in Regalen gelagert werden. Die Regale müssen nicht verschlossen sein, jedoch über eine Tür verfügen. Ansonsten könnte es zur Kontaminierung dieser Gegenstände führen, wodurch diese nicht mehr genutzt werden dürften.

Das Lagern von Handtüchern der Patienten ist als äußerst kritisch anzusehen und wird von den meisten Gesundheitsämtern bei Prüfungen nicht akzeptiert. Um strengen Anforderungen von Gesundheitsämtern gerecht zu werden, ist bei jeder Behandlung ein frisches Handtuch als Unterlage notwendig. Um sicher zu stellen, dass es sich um ein ausreichend dimensioniertes und auch frisch gewaschenes sowie nicht kontaminiertes Handtuch handelt, muss im Grunde die Praxis ein Handtuch als Unterlage zur Verfügung stellen. Dies dürfen Gesundheitsämter jedenfalls fordern. Dabei muss wiederum beachtet werden, dass keine gesonderte Vergütung von Patienten für die Zurverfügungstellung eines Handtuchs berechnet werden darf.

Spielzeug

Sofern in der Praxis Spielzeug vorhanden ist, muss dieses täglich gereinigt werden. Insbesondere in den Wintermonaten, in welchen ein höheres Risiko besteht, sich mit Krankheiten anzustecken, muss das Spielzeug im Zweifel regelmäßig desinfiziert werden. Es dürfen keine Plüschtiere vorhanden sein, weil sich in diesen Krankheitserreger besser vermehren können. Diese Regelungen für Spielzeuge gelten für den Wartebereich und für den Therapiebereich.

Handwaschbecken

An jeglichen Handwaschbecken muss kaltes und warmes Wasser vorhanden sein. Zudem muss eine Einhebelmischbatterie vorhanden sein, mit welcher einfach die notwendige Wassertemperatur gewählt werden kann.

In unmittelbarer Nähe zu Handwaschbecken müssen wandständige Spender für Flüssigseife und Einmalhandtücher vorhanden sein und im Personalbereich bedarf es darüber hinaus wandständiger Spender für Händedesinfektion.

Pflegemittel für Hände muss in Spendern oder Tuben gelagert beziehungsweise zur Verfügung gestellt werden. Eine Lagerung und Reichung in Dosen ist aus hygienischen Gründen nicht gestattet.

Reinigung und Desinfektion

Nunmehr soll auf verschiedene Regelungen der Reinigung und Desinfektion eingegangen werden. Dabei ist auf Regelungen zur Flächenreinigung, zu Desinfektionsmitteln, zu Personalhygiene sowie Hautdesinfektion und den Hygieneplan einschließlich der Abfallentsorgung einzugehen.

Flächenreinigung

Fußböden müssen täglich gereinigt werden. Patientennahe Gegenstände wie Liegen oder Lagerungsmittel müssen zumindest täglich desinfiziert werden.

Auflageflächen und Arbeitsflächen müssen gegebenenfalls häufiger als täglich gereinigt beziehungsweise desinfiziert werden. Dies gilt insbesondere nach Kontakt mit Patienten, welche erkrankt sind, oder nach der Kontamination von Flächen mit Körperflüssigkeiten.

Dabei ist eine Sprühdesinfektion im Bereich der Praxis nicht mehr gestattet. Vielmehr muss eine Scheuer-Wisch-Desinfektion beziehungsweise -reinigung durchgeführt werden. Ein Desinfizieren muss also üblicherweise mit einem Nachwischen kombiniert werden, sodass eventuell gesundheitsgefährdende Stoffe des Desinfektionsmittels wieder weggewaschen werden. Das Nachwischen muss selbstverständlich mit einem sauberen Lappen vorgenommen werden. Ob ein Nachwischen notwendig ist, ergibt sich üblicherweise aus der Bedienungsanleitung des genutzten Desinfektionsmittels.

Desinfektionsmittel

Es dürfen nur DGHM-gelistete Desinfektionsmittel genutzt werden. DGHM steht dabei für die »Deutsche Gesellschaft für Hygiene und Mikrobiologie«. In jeder Praxis müssen Regelungen zur Desinfektion bestehen.

Es ist darauf zu achten, dass es spezielle Mittel für Hände-, Haut-, Flächen-, Instrumenten- und Wäschedesinfektion gibt, welche auch nur gemäß dem angedachten Anwendungsgebiet genutzt werden dürfen.

Sofern Flächen- und Instrumentendesinfektionsmittel mit Wasser angesetzt werden müssen, ist dafür kaltes Wasser zu nutzen. In diesem Zusammenhang müssen Dosierhilfen und Dosiertabellen genutzt werden. Entsprechendes ergibt sich aus dem Handbuch zu den jeweiligen Desinfektionsmitteln.

Die Desinfektionsmittel dürfen nicht mit Seifen und anderen Präparaten gemischt werden. Es müssen Handschuhe und Augenschutz beim Ansetzen getragen werden, um das Risiko von Verätzungen zu minimieren. Handschuhe und Augenschutz müssen durch die Praxis zur Verfügung gestellt werden.

Reinigungsmittel müssen für Besucher der Praxis unzugänglich aufbewahrt werden. Es empfiehlt sich die Aufbewahrung in einem abgeschlossenen Schrank oder die Aufbewahrung in einem Schrank, welcher in einem Raum positioniert ist, zu welchem Besucher der Praxis keinen Zutritt haben.

Personalhygiene und Hautdesinfektion

Sofern es die Behandlung von speziellen Patienten notwendig macht, muss dem Personal Schutzkleidung zur Verfügung gestellt werden. Dies gilt insbesondere für Patienten, die an einer Infektionskrankheit leiden. Sofern diese Schutzkleidung nicht zur Verfügung steht, kann eine solche Behandlung unter keinen Umständen durchgeführt werden. Das Infektionsrisiko beim Therapeuten ist viel zu groß.

Es müssen Pflegemöglichkeiten für Hände nach dem Desinfizieren vorhanden sein. Als Waschverfahren muss das Kochverfahren oder ein Verfahren mit chemothermischer Desinfektion gewählt werden. Dabei gibt es Waschmittel zur chemothermischen Desinfektion, welche bereits eine desinfizierende Wirkung bei einer Temperatur von 40°C aufweisen. Unter keinen Umständen darf eine Wäsche bei 30°C durchgeführt werden. Dies gilt zum einen für Laken aber auch selbstverständlich für Handtücher und Kleidung der Therapeuten.

Das Personal muss über ausreichenden Impfschutz verfügen. Dabei kommt es ganz konkret darauf an, in welchem Risikobereich die Therapeuten üblicherweise tätig sind. Welche Impfungen konkret vorgeschrieben sind, ist jeweils gesetzlich geregelt.

Von Therapeuten dürfen keine Schmuckstücke, wie zum Beispiel Uhren, Ringe, Ketten oder ähnliches an Händen oder Armen getragen werden. Darüber hinaus ist aufgrund des höheren Keimspektrums nicht gestattet künstliche Fingernägel oder Nagellack zu tragen.

Hygieneplan

Jede Praxis muss über einen Hygieneplan verfügen, welcher in schriftlicher Form vorliegen muss. Die formale Gestaltung ist dabei offen. In dem Plan müssen Zuständigkeiten und Verantwortlichkeiten festgelegt werden. Er muss Aussagen zur Reinigung, Desinfektion, Dokumentation und Kontrollen beinhalten. Im Plan müssen darüber hinaus Regelungen zum Personalschutz aufgenommen werden.

Auch müssen sich dort Regelungen zur Abfallhygiene befinden. Es existieren in den meisten Gemeinden fünf verschiedene Abfallgruppen. Bei der Gruppe A handelt es sich um Hausmüll und hausmüll-ähnliche Abfälle wie Glas und Kartonagen, welche eben über den üblichen Restmüll entsorgt werden dürfen. In die Gruppe B ist mit Eiter, Blut und anderen Sekreten verunreinigter Müll wie Spritzen, Kanülen, Wundverbände oder Skalpelle einzuordnen. Dieser Müll muss getrennt gesammelt werden. Er kann in stichfesten und dichten Behältern zusammen mit dem Hausmüll entsorgt werden.

In die Gruppe B darf kein Müll entsorgt werden, der in Berührung mit Patienten gekommen ist, die unter einer Krankheit litten, die unter das Infektionsschutzgesetz fällt. Die Gruppe C ähnelt der Gruppe B. Allerdings handelt es sich hier um Müll, welcher von Patienten stammt, deren Erkrankung unter das Infektionsschutzgesetz fällt. Solcher Müll muss als sehr infektiös eingestuft werden und muss deshalb getrennt gesammelt und thermisch behandelt werden, bevor er dem Hausmüll beigefügt werden darf. Wegen des Behandlungsverbotes solcher Krankheiten in den meisten ambulanten Praxen kann dieser Müll in derartigen Praxen üblicherweise gar nicht anfallen. In die Gruppe D ist Sondermüll, wie zum Beispiel Batterien, größere Mengen an Desinfektionsmittel, Laborabfälle und alte Medikamente einzuordnen. Dieser Müll muss in speziellen Sonderabfallbehältern entsorgt werden. In die Gruppe E ist Abfall aus menschlichem Gewebe einzuordnen. Dabei handelt es sich beispielsweise um Köperteile, Organe oder Blutkonserven. Dieser Müll fällt üblicherweise in einer ambulanten Praxis nicht an und muss in Verbrennungsanlagen einer Klinik entsorgt werden.

Zusätzlich ist von den meisten Gesundheitsämtern gefordert, dass bei den Mitarbeitern zumindest jährlich eine Auffrischung der Kenntnisse betreffend der Hygiene stattfinden muss. Jede Praxis ist dazu verpflichtet, regelmäßige Schulungen zum Beispiel im Rahmen von Teambesprechung zu Themen der Hygiene durchzuführen und zu dokumentieren.

Fazit

Die dargestellten Regelungen zur Hygiene sind demnach im besten Fall durch den Praxisinhaber und das Praxispersonal stets einzuhalten und alle Beteiligten sollten gemeinsam dafür sorgen, dass ein Verstoß gegen die dargestellten Regelungen gemeinschaftlich verhindert wird.

Dabei sollte bekannt sein, dass je nach Ausrichtung der Praxis und je nach Vorstellung der Gesundheitsämter sogar noch strengere Regelungen gefordert werden können, wobei bei der Einhaltung der oben dargestellten Regelungen üblicherweise die meisten Fehler- und Gefahrenquellen gebannt sind.

Hilfreiche Links

Selbstverständlich kann dieser Ratgeber nicht tagesaktuell auf die Entwicklungen der Corona-Krise und ihre Auswirkungen auf die Gesellschaft, insbesondere die Heilberufe, reagieren. Im Internet finden Sie aber zahlreiche Anlaufstellen, denen Sie aktuellste Informationen und Empfehlungen von offizieller Seite entnehmen können, weshalb ich Ihnen die folgenden Quellen ganz besonders ans Herz lege:

www.RechtsanwaltAlt.de

Die Internetseite meiner Kanzlei *Alt und Partner* mit Link zum YouTube-Channel, auf dem dieses Buch basiert. Hier finden sich auch viele Muster und für die Heilberufe wichtige Gerichtsurteile zum kostenlosen Download.

www.vpt.de

Offizielle Internetseite des Verband Physikalische Therapie – Vereinigung für die physiotherapeutischen Berufe (VPT) e.V. mit einem ständig aktualisierten FAQ-Bereich zum Corona-Virus, zahlreichen Formular-Vordrucken zum kostenlosen Download sowie Kontaktdaten zu regionalen Niederlassungen und Servicestellen.

www.rki.de

Offizielle Internetseite des Robert Koch Instituts mit aktuellen und offiziellen Fallzahlen, Bestimmungen und Entwicklungen zur COVID-19-Pandemie in Deutschland.